如何に中陰法要を勤めるか

—中有を如何に捉えるか—

那須信孝

方丈堂出版／Octave

如何に中陰法要を勤めるか
――中有を如何に捉えるか――

＊目次

装　幀＝小林　元

はじめに

古来、人は死を迎えると、お通夜・お葬式そして中陰法要を行い、故人を偲び、成仏を願う人生最後の行儀を厳粛に営んできました。そのうち中陰とは、宗旨によって考え方はさまざまでありますが、基本的には人が死んだ後の七七・四十九日の期間のことです。初七日、二七日、三七日、四七日、五七日、六七日、七七日忌の七つで、人の死後四十九日の間、その人の生きている時の行為によって次の迷いの世界である六道のいずれに生まれるかを決定する期間で、そのことが輪廻転生《りんねてんしょう》とされました。その七日ごとに審判の門があり、生前の罪が裁かれます。罪が重いと地獄に落とされますが、遺族が法要を行い、読経供養して少しでもよい世界に生まれるように願うのです。これが一般的に説かれる中陰法要の在り方です。

『梵網経』には、たとえ生前中に悪行を重ねた人でも、遺族が七日ごとに追善供養をすれば、死者もその功徳を受けるとあります。四十九日目は最後の審判で死者の運命が決まるとされており、満中陰と言われています。そして民俗学者が指摘するように、中陰の仏教習俗は、わが国の固有の原始神道による忌明《きあ》けの観念が伴われて、死の不浄観から生ずる穢れや忌を払拭する儀式が混じった、日本民族の特殊な習俗的な儀式となってきました。

このような日本固有の永く伝えられてきた中陰法要も近年疎かになり、勤めることがないようにさえなって参りました。こうした動きの背景には、人間関係の希薄化や、さまざまな問題があることを指摘する声があります。しかし単にそれだけではなく、これらの一連の故人を送る儀礼の背景にある仏教思想が明らかにされていなかったことも問題ではないかと思われます。特に中陰の勤め方について、その仏教的意義が明確に説かれずに、自然に、ただ故人を追悼する行事に流されつつあることは、僧侶として深く反省せねばならないことであります。また、六道輪廻を説かない浄土真宗でも、亡くなれば阿弥陀様の本願力に救われて、直ちに浄土に生まれさせていただくと説くのですが、それなら中陰を何故勤めるのかということが明らかにならないまま中陰法要が勤められています。単に故人を偲び、その往生をご縁に聞法させていただくというのでは他の法要との明確な区別がないので、したがって中陰法要を勤める風習がますます衰退していくのではないでしょうか。

いずれにしましても、葬儀や年回法要を説明する書はあっても、中陰法要について丁重にその意義を追求している書は少ないように思います。私は仏教本来の思想に基づいて、宗派を超えて根本的な中陰の在り方と中陰の本質的な意義を考え直さなければいけないのではないかと思い本書を認めました。ご一読いただければ幸いです。

第一章　浄土真宗の中陰法要

仏教各派ではそれぞれの中陰法要の勤め方があり、また浄土真宗では中陰法要に対する独自の考えがありますが、最もまとまったものは、『葬儀についての一考察』（岡崎諒観、永田文昌堂、一九八四年）にある中陰法要についての解説であると私見では思います。その文では次のように述べています。

中陰とは、今世の死有と来世の生有との中間に於ける五蘊（旧訳では「五陰」ともいい、色・受・想・行・識の五つのことで、要約すれば肉体と心識との二つのこと）和合の身の意義で、「中陰」は旧訳であり「中有」は新訳であります。

この「中陰」は亡くなった日、即ち命日からかぞえて四十九日間のことをいうのでありまして、七日ごとに仏事を行い（初七日、二七日など、これを七七斎《しちしちさい》、累七斎《るいしちさい》、或は斎《さい》七日《しちにち》ともいいます）七七日（四十九日）をもって「満中陰（尽七日《じんしちにち》ともいう）」ともいいます。

「瑜伽師地論」（一百巻。唐玄奘訳、法相宗正依十一論の一で、略して瑜伽論ともいい、法相宗で最も重んぜられます）に「この中有は、もしいまだ生縁をえざれば、きわめて七日住す、生縁をうることあるも即ち決定せず、もしきわめて七日にして未だ生をえざれば死してまた生じてきわめて七日住す、かくの如く展転して未だ生縁をえずして乃至七七日住す。これより以後は決して生縁を得」と説かれていますようです。

　このことなどによりまして、昔から死後の七日ごとに追善の供養を行い、ことに七七、四十九日には盛大な仏事を行うことになりましたようで、我が国に於きましても一〇世紀ごろから特に四十九日の仏事が盛大に行われるようになったようです。

　このことに関しまして、我が国でも「続日本紀巻十二」に「聖武天皇天平七年（七三五）十月」の条に、「詔す、親王薨ぜば、七日ごとに供斎し、僧一百人をもって限りとし、七七斎しおわらば之をとどめよ、爾今以後例としてこれを行え」とあり、また「同巻十九、天平勝宝八年（七五六）」の条には、聖武天皇崩御の節、諸大寺に於いて「七七斎」を修したことがみえているようです。

また、「拾遺古徳伝絵詞巻九」（全九巻。覚如上人の撰で、元祖上人の絵詞伝）に、元祖上人示寂後の追福を叙して「門弟等つねに式にまかせて中陰の勤行心肝をくだき、毎七日供仏施僧のいとなみ傍例のごとし云云」とあります。

さて、この「中陰」は前記の如く「中有」のことで「四有」の一つで、「四有」とは「有情」（あらゆる生きもののことで、生きているもの、情識を有するもののこと）が、己が業報によって、輪廻転生（一切の有情類が生死を経て、六道を循環することで、丁度車輪が回転するようなものであって、宗祖は高僧和讃に「流転輪廻のきはなきは、疑情のさはりにしくぞなき」とお述べになってあります）することで「四有」とは次のとおりです。

生有（しょうう）　この世に生まれた時をいう。

本有（ほんう）　生まれて死ぬまでの期間のこと。

死有（しう）　この世の生を終わった時をいう。

中有（ちゅうう）　前生と今生、或は今生と来生との中期にある身のこと。

「中有」とは、通仏教的には衆生が死亡して後、次の生が六道（地獄、餓鬼、畜生、修羅、人間、天上）のいずれかに定まるまでの中間の状態をいうのでありまして「中有に迷う」というのはこのことをいうようです。

この「中有」の期間が終わって、次の生をうけた時がまた「生有」でありまして、すべての有情はこの「四有」を繰りかえしているわけです。「中有」の期間は、七七日（四十九日）でありまして、七日目ごとに次の生処が定まり、早いものは初七日目に、遅いものでも七七日目には必ず次の生処が定まって、「生有」にうつるというのです。

それが為に七日ごとの追善供養の仏事が営まれるわけです。

このようなわけで他宗では遺族や知人などが、故人の冥福を念じて善根功徳を積み重ねて、その果報を死者にふり向けて死者を悪道から逃れさせてやるという習慣が我が国に伝わって、中陰の間、遺族達は精進潔斎して、読経やその他の功徳善根を積んで廻向するということが行われてきました。

浄土真宗では、仏の願力によって生前信心決定の時、往生が定まり命終とともに即時に仏国土に生まれさせていただき、弥陀同体の証りを開かせてもらうのですから、遺族が積んだ善根を故人に廻向する必要もありませんし、また死者が次の生を受けるまでの中間的な存在としての「中陰」はありません。

しかし、死別の悲しみの中に諸行無常を身にしみて味わい、自らの人生の大事を自覚してご本願を仰いで、一層の聞法に励み念仏によって報恩謝徳の誠を尽くし、正しく慎みのある生活を送る期間として、形の上での通仏教の慣習に順応して「中陰」の仏事を営むものでありましょう。

宗祖親鸞聖人は『歎異抄』に「親鸞は父母孝養のためとて一返にても念仏まふしたること未だ候はず、その故は一切の有情は皆もって世々生々の父母兄弟なり何れもこの順次生に仏になりてたすけ候ふべきなり。わがちからにてはげむ善にても候はばこそ、念仏を廻向して父母をもたすけ候はめ。ただ自力を棄てて、いそぎさとりを開きなば、六道・四生のあひだ、いずれの業苦に沈めりとも、神通方便をもって、まず有縁を度すべきなりと云云」と仰せられてあります。

それで私達は、中陰や年忌などあらゆる仏事をおつとめさしていただきますに際して、ただお経をさえ読んでもらえば、それでこと足れりとするような考えはいけないことで、これをご縁として、仏縁を深めさしていただくように心がけることが大切であります。（岡崎諒観『葬儀についての一考察』一一三―一一七頁）

この文でも解りますように、真宗の解説書では、中陰は他宗で勤修される中陰法要に順応して勤めるので、真宗は善人・悪人を問わず、一切の衆生を命終とともに即時に浄土に生まれさせていただき、弥陀同体の証りを開かせてもらうのだから中陰の必要はなく、他宗に準じて勤めるのは、故人を偲ぶとともに故人の往生を縁として仏縁を深め、聞法と報恩感謝の為に七七日間勤めさせていただくと説いています。

しかし、仏の願力によって生前信心決定の時、往生が定まり命終とともに即時に仏国土に生まれさせていただき、弥陀同体の証りを開かせてもらうのだから六道に迷うことはない、だから中陰は本来必要がないと説いていますが、死にゆく人も弔う人も、浄土真宗の門信徒といわれる者に、果たして信心決定している人が幾人いるでしょうか。いきなり臨終とともに往生成仏するといっても、果たしてすでに死んでいる人は無論、亡き人を弔う人も往生して成仏したと信じることができるのでしょうか。また、自分も臨終とともに仏にならせていただくと信じられるでしょうか。やはり他宗が説くように、追善供養の心で故人が輪廻の世界を超えて救われることを念じ、それでなくても故人を偲び、追善功徳の読経を願うのが心情ではないかと思います。

このような意味から、習俗化している中陰の法要の意義を仏教の教義にのっとって明らかにし、意義ある聞法の儀式に致さなければならないと思います。

では、中陰（中有）とはどう考えたらよいのか。中陰の本来意味することを如何に理解すればよいのか。そのことを明らかにするには、中有の考えの起こってくる輪廻の原理の歴史を明らかにしていく必要があります。

第二章　輪廻転生の歴史

中陰（中有）について理解するには、釈尊以前の時代の、輪廻思想から明らかにしなければなりません。

一　五火説と五道説

輪廻思想の起源、すなわちインドにおいて業報とか輪廻についての考え方が起こってくるのは、釈尊が生まれられた少し前、紀元前五世紀ないし六世紀で、バラモン教の最初の哲学書である『ウパニシャッド』の中で、初めて輪廻（サンサーラ）という言葉、また輪廻の形というものが説かれるようになります。それ以前の『リグ・ヴェーダ』などには、輪廻とか業報は出てきません。

この『ウパニシャッド』の輪廻説の考え方というのは、二道五火説というものであり、「五火教」とは、人間が死ぬと、そのなきがらが火葬にされ、霊魂は火となり煙となって月へ行く。それが雨に混じって月からまた地上に降りてくる。そして穀物などの食物に入って、人間に食べられて精子になる。それが父母の交合を機縁にして母胎に入ってまた生まれてくる。その時にいつでも人間に生まれ変わるとは限らないし、動物に生まれ変わることだってあるわけです。このように、輪廻の五段階を祭火に託して象徴的にあらわしているのです。つまり、死者の霊魂の経めぐる道が五つあったわけです。月、雨、食物、精子、母胎がそれです。この五つの過程である五火を通って生まれ変わるというのは、祖先の道、すなわち「祖道」であって、再び現世に戻ってきます。五火教にあっては、月を経て再帰した者が、生前の行為如何によって、ある者は人間界に生を受け、ある者は動物に生まれ変わると説くもので、「業思想」がここで明瞭となってきます。

それに対して、苦行と梵行に専心し、叡智によってブラフマン（梵）を探求するすぐれた宗教家やすぐれた知識をもった者は、そういう五つの道は通らず、死後はブラフマン（梵）の世界に入ってもう元には帰らない。これを、「天道」と言います。この祖道と天道の二道があるのです。

「善く行って善く生まれる」「悪しく行って悪しく生まれる」と死後いかなる世界に入るかは、現世の為す行為、すなわち業によるという、「善因善（楽）果」「悪因悪（苦）果」という業思想があらわになってくるのです。こうしてこの業の思想に基づく輪廻転生説が説かれるので、梵我一如を悟ることによって業の繋縛を離れ、輪廻を脱するのです。

人間がこの世の生を終えた後、次の世でいかなる生を受けるかは、この世で為した行為、すなわち業によって定まるという考え方であり、また、輪廻転生説とは、人間は単にこの世のみで滅びるのではなく、肉体の滅後において、この世でのそれぞれの行為（業）に従って次の世に生まれ変わるという考え方であり、そこには輪廻転生する主体としての我（アートマン）が実体として考えられています。このようなバラモン教における業の思想による実体論的な輪廻転生説は、現在の人生を来世のための仮の世と考え、ひたすらより良き来世を請い願う生き方となり、一方では、現在世も過去世の業によるものであるとの諦めを生み、次第にカースト制度を定着させ、固定化させていったのです。

『ウパニシャッド』のこの考えは仏教以前の思想でしたが、これが仏教になると、かなり違った形をとることになります。

二　原始仏教の輪廻

バラモンのこのような実体論的発想に基づく業思想に対して、釈尊は、「縁起」の思想によって、輪廻転生する主体としての「我」の実体性を否定し、輪廻転生説を否定されました。「諸法無我」を説かれる釈尊の教えでは、実体的な我の生存の継続としての輪廻流転する自己存在は成立しません。今生が最後の生存の身です。もはや、生まれ変わること（輪廻の苦しみを受けること）はないと解脱を説かれたので、十二支縁起を説かれたのも我の否定、すなわち輪廻を否定するためでした。釈尊は、輪廻的生存の苦しみから抜け出すことを説かれたのです。バラモンの輪廻では、生まれる前の過去を前世、生きている間は現世、死後は来世と分けています。釈尊の十二支縁起は、無明・行《ぎょう》・識・名色・六処・触《そく》・受・愛・取・有《う》・生・老死ですが、釈尊が私たちの心の奥底に、無明という心の働きがあることを突き止められたのです。明知が無明を破って、それによって解脱がなされます。無明を断じ、我執を去り、煩悩を滅尽するには、長途の忍苦にみちた道徳的実践が必要で、それが四諦八正道の実践でした。そしてその実践的な倫理が要請されるところに、仏教の特色があるのです。この実践によって、煩悩の根本である我執はやみ、無明は断滅されると説いたのです。釈尊は、生存の死の根柢にある無明を自覚（識）すること、無明を滅することにより生老病死の苦を解脱することを説いたのです。われわれは真実の智慧によって無知を断ずるならば、それによって輪廻を超出することができるのです。

釈尊は、「生まれによって卑しい人となるのではない。生まれによってバラモンとなるのではない。行為によって卑しい人ともなり、行為によってバラモンともなるのである」と説き、自らを「業論者」と言い、「行為論者」と言っていますが、それは過去世における業の結果としての現在世への生まれを否定し、われわれの行為そのものの上に、行為者としてのわれわれの業の結果（業報）を見ていたのです。すなわち、過去世の業の結果としての現在世という実体論的発想は何ら根拠のない構想（分別）でしかないと、「縁起」という知見によって、自らの行為の上に、そのようにしか行為せざるをえない自らの行為者としての責任を持ち、自らの現前の行為のただ中にあって自らの過去に目を向けるという、自律的な業の思想に立っていたのです。

釈尊は、「縁起」によって実体論的な業思想を批判しましたが、釈尊亡き後の仏教は、次第にインド宗教において一般的であった実体論的な輪廻転生説を受け入れ、輪廻転生する主体としての「我」を否定した仏教の「無我」の立場を取りながらも、輪廻転生を可能にする「業」についての解釈を、それぞれの学説に基づいた独自の実体論によって構築していきました。それが龍樹によって批判されている、阿毘達磨《あびだつま》仏教における業論です。

しかし、三世実有を説き南伝大蔵経といわれるパーリ語の聖典の『サンユッタ・ニカーヤ』（『相応部』）や、漢訳では『大正大蔵経』の一番最初にある『雑阿含経《ぞうあごんきょう》』などの原本ができた紀元前三世紀頃、業報輪廻の考え方が仏教の中にはっきりと定着して倫理観の根柢になっていました。「説一切有部」の立場は「我空法有」で、人は無我ではありますが、存在を構成する要素は恒有ですから、過去、現在、未来にわたって恒有なる法の間を有情は継続し流転を続けます。それが、有情の輪廻なのです。

縁起についても、私たち人間には過去世・現在世・未来世の三世があることを説き（これを「三世実有」と言う）、「十二支縁起」の十二支を、過去（無明・行）、現在（識・名色・六処・触・受・愛・取・有）、未来（生・老死）の三世に分類し、過去と現在、現在と未来に因果関係があると説き、それを「三世両重の因果」と言います。無明に基づき、過去に為された「行（行為）」を「原因」として、未来においてその「行」の「結果」が現れるという、因果関係（縁起）が存在するという縁起説です。「原因」となった「行」は一瞬一瞬に生じては滅し、滅しては生じるという生滅をするのですが、直前に滅した「行」の影響を直後に生じたものに次々と引き渡して、「結果」を引き起こすと考えます。すなわち釈尊の解脱の為の内観として説かれた縁起説は、有部においては輪廻転生を示す教えとなり、いわゆる六道輪廻が説かれるのです。

六道とは、地獄、餓鬼、畜生、修羅（阿修羅）、人間、天上という六つの道を経めぐって輪廻するという考え方です。インドの輪廻説では、あくまでも行為とその果報の担い手は同一の人です。いわゆる「自業自得」です。そして善い行為、悪い行為に対しては、必ずそれにふさわしい幸福なり不幸なりが当人に返ってくるのです。ここで注意せねばならぬのは、業報というものには徹底した自己責任性があるということです。決してわたくし以外の他人がその報いを受けることはない、自分の播いた種はどこまでも自分が刈り取るという、厳密な自己責任性が説かれていることです。

このような輪廻説、業報説から脱出し、それから解放されるためには、一つの宗教的な、あるいは哲学的な智慧が必要だということになってきました。このような小乗仏教の考えを打破したのが大乗仏教でした。

三　大乗仏教の輪廻

部派仏教の中でも「大衆部」は、説一切有部の三世実有の輪廻説に反対でしたが、そこから展開した大乗仏教は、有部に加担した小乗仏教の学派の説いた業報輪廻の考え方を否定しました。大乗仏教の中観派の代表である龍樹は、空の思想を説きました。空の思想は縁起を説き、あらゆるものは本質というか、実体をもたない、だから煩悩も実体はない。菩提にも実体がない。実体がなくて空である。この空の思想によって業報輪廻の思想が超越されるのです。善も悪も本質をもっていない。業報とか輪廻を考える時に、ある行為が原因となって、ある結果が生じてくるという物理的な因果関係は否定はしないけれども、そこに実体としての行為の主体、あるいはその結果を享受する主体という一貫した主体があって、それがこの世から彼の世へ生まれ変わるということはないと強調します。無我であり実体がない。いかなる主体も、この世から彼の世に輪廻することはない。「業」が実体的発想によって把握されることも否定しているのです。

　このように、相互の関係性（相依《そうえ》相待《そうだい》縁起）は業報輪廻を完全に否定します。龍樹は、「業」を行為と行為者との相互の関係性（相依相待）によって説明しつつ、「業」が実体的発想によって把握されることを否定しているのです。

　一方、唯識は大乗仏教の空思想に基礎を置いていますが、大乗仏教の「空」の思想がすべてのものには実体がないとしたのに対して、輪廻を否定せず輪廻の主体の実体を否定して、何が流転するかを明らかにしようとしました。人間界から地獄へ落ちたり、地獄から再び他の輪廻の世界へ生まれるのは一体何なのか。輪廻の輪を断ち切ることができ、悟りの境地に到達するのは何なのか。

唯識論ではものを認識する「識」だけは存在し、その「阿頼耶識（アーラヤ識）」が輪廻の主体であるとしています。実体をもたないが、阿頼耶識が輪廻の主体であると考えるのです。外界にあると思えるモノ、自身の心、見るもの、聞くもの、感じること、考えていること、すべては自身が考えているのではなく、実体をもたない深層心理の阿頼耶識が生み出したものと考えるのです。

阿頼耶識は、われわれが身体と心で行った行為のすべてが、根本識である阿頼耶識に内蔵され、それが縁によって輪廻転生していくのです。われわれの業が染みつき、その染みつき具合によって、さまざまな因果が廻ってくるのだと考えています。阿頼耶識は「如暴《によぼ》流《る》」と言われるように、時々刻々生滅変化しつつ相続する連続体ですから、その性質や内容は異なるのであり、輪廻の主体として阿頼耶識を立てることは、仏教の原理たる無常・無我の主張と決して矛盾するものではなく、業惑縁起説では不充分だった問題も解明されるに至ったのです。そして大切なことは、唯識では現在刹那の自覚として過去世の業が語られるのであり、業からの解脱への転換の原理なのです。

さて、業報輪廻に支配された因果応報の世界には、二つの特質がありました。一つは善悪の行為にはそれと対応する果報が必然的にもたらされる、二つは善悪の行為に対応する果報が、必ずその行為者にもたらされるという自己責任性です。これら二つの特徴がある業報輪廻の思想こそ、大乗仏教以前の仏教とインドの思想一般において支配的なものでした。こうした業報輪廻からの脱却を可能にしたのが、空の思想に基づいた回向の原理です。

では、いかにして回向の思想が業報輪廻を超えていったのか。業報輪廻からの脱却を可能にしたのは、二つの回向の「方向の転換」と「内容の転換」という性格にあります。前者は、自己の善巧と修行の功徳、善根功徳のよい結果を自分の幸福の為に受け取るのではなくて、他者に向けることを示し、業報の内容を変えてしまう菩提回向であり、後者は、自己の善巧と修行の功徳と結果を自分の幸福の為に受け取るのではなくて、他者の幸福の悟りを得るためのものとしてふりかえしてしまいます。これによって業報輪廻の自己責任性が無化されるのです。この回向の思想から、やがて死者への追善回向の考えが生じてくるのでしょう。

そしてさらに大事なのは、世親・曇鸞によって、阿弥陀仏は法蔵菩薩として永劫の修行を積むことによって、その結果の功徳を、われわれ業報輪廻の繫縛から抜け出せない者の為に、阿弥陀仏を信じる人のほうに向きを変えて救うという、本願力回向の浄土教の教えが起こったことです。「善因楽果」「悪因苦果」という大原則をもつ輪廻説が、どんな悪人でも信仰一つで救われるという形に変わってしまうため、善と悪が実は一つのものだ、あるいは幸福と不幸とは分けられないものだという道理を、空の思想が提供したのです。このように歴史的経緯から考えられることは、業報輪廻の考え方から裏腹な回向という考え方が生まれ、空の思想に基づいて、回向の原理が業報輪廻を超える大乗仏教の思想になったのです。

四　中国・日本の仏教の輪廻

すでに述べましたように、業報というものには徹底した自業自得、自己責任性がありま す。決してわたくし以外の他人がその報いを受けることはない、自分の播いた種はどこまでも自分が刈り取るという、厳密な自己責任性が説かれていました。しかし、これが中国に入りますと、自己責任性が希薄になってきます。

仏教が中国に持ち込まれたのは後漢（二五―二二〇）初期の頃でありましたが、実際に普及したのはその後の魏・晋・南北朝時代（二二〇―五八〇）でした。業報輪廻の思想は中国に入ると変化してきます。「積善の家に余慶あり、積不善の家に余殃《よおう》あり」と言われるごとく、輪廻思想ではなくなるのです。家族とか親子の間で業報があるということは、自己責任性と違うわけです。

中国にはすでに儒教や老荘の思想が存在していたために、それらの思想用語が仏教理解に多く援用され、仏教をきわめて中国的に理解してしまうという欠点をもっていました。

儒教では理想的な存在として「聖人」というものを説き、完璧な道徳の実践者（つまり完全無欠な人間）が聖人であるわけで、今生では聖人や君子になれなくても、輪廻を繰り返していく中で道徳的修養を積み重ね、そういう境地に到達できると考えたのであり、回向の原理も祖霊信仰もしくは祖先崇拝の信仰と混じって、死亡した祖先が、生きている者の生活に影響を与えている、あるいは与えることができるという信仰となり、因果応報論は現実の幸・不幸を合理的に説明するのに利用されました。自律的な自己責任というか、業報輪廻を自覚的に考える性格が変えられ、六道輪廻に迷う亡者を救う、他律的な祖先崇拝の性格になっていったのです。たとえば、位牌は中国の「儒教」の儀式に用いられたもので、「死者の霊魂を招くもの」、あるいは「霊魂がとどまるところ」として民衆の中に定着していきました。そのような本来、中国の「儒教」の風習において用いられていた「位牌」が、先祖供養の道具として日本に持ち込まれると、日本においては、それが仏教のものと誤解されて受容され、ついに江戸時代の頃には、一般民衆にまで普及していくこととなったのです。

仏教は儒教や道教とともに中国より日本に入ってきましたから、したがって輪廻と因果応報を中心に置き、そして日本で本来あった神道の自然崇拝・祖先崇拝と混ざり合って展開していきます。日本人の間では、死んだら仏になると一般に言われるように、「人は死後、魂を清めて仏になる為に中陰の道を歩き、あの世を目指す。その所々に審判の門があり、生前の罪が裁かれる。罪が重いと魂を清めるため地獄に落とされるが、遺族が法要を行い、お経の声が審判官に届けば赦される」と考える十王信仰が信じられ、この考えのもとに中陰法要が勤められるようになりました。もちろん、僧侶は悟りを求めて厳しい修行をするのですが、民衆の間では輪廻を逃れる為、祖先の為に追善供養をし、自ら善根を積む仏教本来の教義からは遊離して習俗化していくのです。このような中で生まれたのが、僧俗ともに阿弥陀仏を信じる人を救うという浄土教の教えです。特にそのことを明確に説いたのは親鸞です。

五　親鸞の輪廻に対する考え

阿弥陀仏の浄土往生を説く親鸞は、輪廻と業報を決して否定しておらず、否定しないで超えるということを説きました。横超断四流《おうちょうだんしる》というのがそれです。「断」とは、「断といふは、往相の一心を発起するがゆゑに、生としてまさに受くべき生なし。趣としてまた到るべき趣なし。すでに六趣・四生、因亡《いんもう》じ果滅す。ゆゑにすなはち頓に三有《さんぬ》の生死を断絶す。ゆゑに断といふなり。四流《しる》とはすなはち四暴流《しぼる》なり。また生・老・病・死なり」（『浄土真宗聖典――註釈版』二五五頁、本願寺出版部、一九八八年）と『教行信証』にありますように、六道輪廻の世界を如来の本願力によって速やかに断ち切ることです。四つの流れというのは、欲（欲望）と有（生存への執着）と見（邪った見解）と無明（無知）の煩悩ですが、親鸞は四流とはさらに生・老・病・死であると言い、その四流を直ちに超えるのが横超であり、横超とは下流に流されることなく横さまに向こう岸に渡ってしまうことで、如来の願力を信ずるゆえに行者がはからわずして六悪趣を自然に断って、浄土に往生することです。すなわち往生とは流転の生を超越した、新たなる生をいきる身となることだと言うのです。また『教行信証』において、「悲しきかな、垢障《くしょう》の凡愚、無際よりこのかた助正間雑《じょしょうけんぞう》し、定散心雑《じょうさんしんぞう》するがゆゑに、出離その期《ご》なし。みづから流転輪廻を度《はか》るに、微塵劫《みじんごう》を超過すれども、仏願力に帰しがたく、大信海に入りがたし。まことに傷嗟《しょうさ》すべし、深く悲歎すべし」（『浄土真宗聖典――註釈版』四一二頁）と、如来の本願を信じなければ永遠に迷い、輪廻の身に沈んでいく自覚が親鸞にはありました。しかし、いま現に迷っている者も信心を獲得すれば、来世の迷いの生を受けることはないと言うのです。

さらには『尊号真像銘文』の中で、「大願業力の不思議を疑ふこころをもつて、六道・

四生・二十五有・十二類生　類生といふは一、卵生　二、胎生　三、湿生　四、化生　五、有色生　六、無色生　七、有相生　八、無相生　九、非有色生　十、非無色生　十一、非有相生　十二、非無相生にとどまるとなり、いまにひさしく世に迷ふとしるべしとなり」（『浄土真宗聖典――註釈版』六六六頁）と述べ、『一念多念文意』の中で、「信心あらんひと、むなしく生死にとどまることなしとなり」（『浄土真宗聖典――註釈版』六九一頁）と、迷いの生から浄土へ至る輪廻から脱することを示しています。親鸞の輪廻思想は、未だ信じない流転輪廻の身が信心獲得すること、すなわち獲信により、迷いから救いへの一大方向転換を明らかにしており、それが思想の軸となっているのです。

以上、輪廻の思想の歴史的展開について概説してきましたが、次に輪廻の思想にとって中有の概念が重要であることを明らかにしたいと思います。

第三章　チベット仏教の輪廻観

一　チベット人の死生観

私たちは日常生活で健康のことや病気のことは日常茶飯事に語り合いますが、あまり死を話題にすることを好みません。新聞記事や第三者の死、そしてゲームなどのバーチャルな死の概念や情報はあふれていますが、リアルな死については考えることなしに生活し、自己の死が突然やってくると、悩み、苦しみ、狼狽します。自分の人生を、死を通して見極めて捉えることをしようとしないで生活しています。

自らもチベットで修行をした人類学者・中沢新一は、『三万年の死の教え―チベット『死者の書』の世界』（角川ソフィア文庫、一九九六年）で次のように語っています。

チベット人の世界で、私が仏教の勉強をはじめていちばん驚いたことは、「死」というものにたいする、彼らの態度や扱い方の違いでした。そこでは、しょっちゅう死のことが話題にされ、仏教の勉強や修行そのものが、死を軸において意味づけされ、すべてが死によって方向づけられているように見えたのです。

もう何日も、幾晩も、密教の教えの伝授が続いていました。私の先生は、その伝授が終わろうとする、まさにそのとき、私にこう言いました。「さてさて、これでこの教えはいちおう終わりだ。いまこの瞬間から、お前は競争に入る。誰がライバルか。それは死だ。お前の命などは、じつにあやういもので、こうしていて、つぎの刹那に、もう命がつきてしまうということだってありうる。どんな生き物でもそうだ。命をささえ、守ってくれるものはごくわずかで、ほとんどの力は、命を破壊しようと、たえず働きかけている。だから、お前は、そのいつ襲ってくるかしれない、しかしそれが襲ってくることだけはたしかな死というものと、競争をはじめなければならないのだ。死がお前を打ち倒してしまうのが早いか、死が襲ってくるのよりも早く、お前が真実を悟ることができるか。競争がはじまった。ぐずぐずしていることは、できない。さあ、よけいなことをせず、まっしぐらに目的にむかって、進んでいくのだ」

どんな人間でも一人の強力なライバルをもっている。しかもそのライバルには容易に太刀打できない。そのライバルとは死で、人の人生に登場してくるさまざまなライバルなどは、すべて相対的で、実体のないイリュージョンにすぎないのに、死というこのライバルだけは、リアルで絶対的なものだ、そのライバルとの競争に打ち勝てるかどうかということだけが、ぎりぎりのところで、唯一この人生で意味をもっていることなのだ、とラマはことあるごとに、語っていました。とりわけ、「死の無常」についての、仏教の教えは、チベット人の世界では、なにかとても生々しい現実感をもって、すべての人に実感されていました。死が、いつも身近に感じられるのです。それは、いつなんどきでも、生命に襲いかかってくる可能性をもつものとして、生活の岸辺にしじゅう打ち寄せています。死は身近にあって、死体を凝視することもできるし、その死を自分のものとして、実感していられる世界なのです。（同書、七二—七三頁）

この言葉で注目することは、人生で競争相手にするのは他人ではなく、自分自身の死が競争相手だということです。死を生の競争相手として、死を通して生を見極める、生と死を切り離さず、死との共同作業を通して生命の深層を探究する、その修行をするのがラマ僧たちなのです。常に、死から生を見極めようとする修行を大切にしているのです。

このような思想は素朴ですが人類の三万年前から埋蔵されていた思想であり、それを開発したのが『チベットの死者の書』なのです。『チベットの死者の書』は、深層心理学者カール・ユングが絶賛して以来、欧米の人々にも広く知られ注目されました。ユングは、「この書は、大乗仏教の専門家たちの注目をひいたばかりでなく、その教えの深い人間味と、たましいの神秘に対する深い洞察によって、人生についての知恵を深めることを求めた一般読者にも、つよく訴えたのであった。私はこの書から多くの刺激や知識を与えられたばかりでなく、多くの根本的洞察をも教えられた」と言っていますが、意識の下に隠された人間の魂の領域にまで入ることができた魂の秘密を解き明かす、生涯の伴侶の書であると、中沢は讃歎しています。

二　チベット死者の書

『チベットの死者の書（バルド・トドゥル）』は、チベット仏教の伝統から生まれた経典です。正式の題名を『深遠な宗教書・寂静尊と憤怒尊を瞑想することによるおのずからの解脱の書』より、『バルドにおける聴聞による大解脱』と名づける長い題名をもちます。死の前から、死に臨む人の耳元で読みはじめられたこの経典は、死者が荼毘に付されたのちも、四十九日間、死者に対して毎日読み聞かされます。死にゆく者の枕元に坐った僧侶や行者は、死にゆく者の名を呼び、『バルド・トドゥル』の中に書いてある経文を読みつづけるのです。死にゆく者はそれを頼りに解脱します。たとえ息が絶えても、四十九日の間は、まわりの者の声がちゃんと聞こえると考え、死んだら輪廻転生することをいささかも疑わず、きっと生まれ変わってくると信じているのです。『バルド・トドゥル』というお経の内容もよく知っています。自分が死んだ時それが唱えられ、それによって自分が解脱することもちゃんと知っているのです。『バルド・トドゥル』では、人は死ぬと、「バルド」という別の状態に入っていくのだと説明しています。死はすべての終わりではなく、死者の意識は、死後バルド（中有）の世界に入っていき、さまざまな体験をする様子が詳しく書かれています。

『バルド・トドゥル』は、「人は死後どこへ行くのか」という大きな問いに答えながら、「人はどこから来たのか」という問いにも答えています。次のような言葉ではじまります。「あなたには死が訪れました。この世を去るのはあなた一人ではありません。だれしも死ぬのです。ですから、この世に望みや執着を持ってはなりません。望みや執着があっても、この世にとどまることはできないのです。輪廻しさまよいつづけるほか仕方ないのです。欲を持ってはなりません。執着を持ってはいけません」と。そして四十九日の意味は、どんな死者もこの間には、輪廻して生まれ変わってしまう期間です。チベット仏教では、死んでいく瞬間を、飛躍できる「解脱」の最大のチャンスと考えてきました。生きている時は、物質的な身体や現世の条件に捉われて覚りが得られなかったが、死の体験を通して死者が入っていくバルドの状態は、覚りを得やすいという考えなのです。

『バルド・トドゥル』は、死者の意識がそれぞれのバルドで体験している神秘的な現象の意味を説き聞かせ、死者の意識を恐怖や欲望から解放させようとします。死は人間にとって悲しみの時ではなく、大いなる解放の時なのです。バルドの体験を通して、生命の最も深い真理を理解することができる機会なのです。それと同時に、僧侶が声に出して読みつづけることによって、死者の家族にとっても、死とは何であるかを教えていることになるのです。

まず初めに、光明の導きの言葉があります。息が途絶えようとする時に、導師となった人が次の言葉を告げるのです。

「ああ、善い人（善男子）○○よ、今こそ、汝が道を求める時が到来した。汝の呼吸が途絶えるや否や、汝には第一のバルドゥの〈根源の光明〉というもの—以前に汝の師ラマ僧が授けた—あの同じものが現われるであろう。外への息が途絶えると、虚空のように赫々として空である存在本来のすがた（法性）が現われるであろう。明々白々として空であって、中央と辺端の区別がない、赤裸々で無垢の明知が顕現するであろう、この時に、汝自身でこれらの本体を覚るべきである。そしてその覚った状態に留まるべきである。私（導師）もまたこの時にお導きをなすであろう」。（川崎信定訳『チベット死者の書　原典訳』一三―一四頁、ちくま学芸文庫、一九九三年）

生前にお導きを受けたラマ（師僧）が臨席してくれるのが最上ですが、そうでなければ受戒を共にした同信の者が、あるいはこの書の文字を読むことができて、語句を明瞭に発音できる者が、何遍もこのお導きを読み上げるのです。これによって死者は生前の教えを想い起こし、第一の光明（根源の光明）を覚って解脱するのです。これが、①チカイ・バルド（死の瞬間の中有）であり、この段階において、この第一の光明が現れ直ちに解脱するのです。ここで覚ることができないでいると、さらに第二の光明が現れます。

「ああ、善い人よ、この守り本尊を瞑想（観想）すべきである。心を散乱させてはならない。熱心に守り本尊にのみ気持ちを傾注させるべきである。現われてくる幻影は本体を持たないものである。水に映る月のようなものだと思うべきである。本体を持

つものであるとは思ってはならないと明瞭に教えをたれるべきである」。（同書、二一一—二一二頁）

ここでも、生前に師僧からお導きを受けた記憶を思い出させるようにする必要があるのです。

この第二の光明が現れる段階も「チカイ・バルド」の体験であり、さまざまなヴィジョンが光となって出現します。ここで解脱できるように、「光明のお導き」を繰り返し、現れてくる幻影は本体をもたないものである、水に映る月のようなものだと思うべきであると説き聞かせます。すなわち、自分の心の幻影であると自覚することによって解脱するのです。肉体から解き放たれた意識に、心の汚染からも苦痛や苦しみからも解放され解脱するのです。この「チカイ・バルド」の段階で解脱できないと、第三の光明のバルドが現れます。これは、②「チョエニ・バルド」（存在本来の姿の中有、あるいは心の本性の中有とも言う）と呼ばれるものです。

「ああ、善い人よ、今や《私は死んだ》という、例のあのものがやってきたのだ。この世界から外へ行くのは汝ひとりではないのだ。死は誰にでも起こることである。

この世の生に執着や希求を起こしてはならない。執着や希求を起こしたとしても、この世に留まることは不可能である。汝は輪廻し彷徨いつづけるよりほかはないのだ。執着してはならない。貪り求めてはならない。三宝を思いつづけるべきである。

ああ、善い人よ、〈チョエニ・バルドゥ（存在本来の姿の中有）〉の状態において、どんなに畏怖させ恐怖におののかすような現出があっても、汝は次の言葉を忘れてはならない。そしてこの言葉の意味を心に思いつづけてゆくがよい。それがお導きの大切な要点である。

《ああ、私にチョエニ・バルドゥが現われてきている今この時に、すべてについての恐怖・戦慄・怒りの気持ちを捨てよう。現われてくるものがなんであっても、自分自身の意識の投影したものであると覚るべきである。これがバルドゥの現出であると見破らなくてはならない。

今は目的を達成しなければならない大変に重要な時機である。この時に自分自身の投影である寂静尊と憤怒尊の神群を恐れることはやめよう》」。（同書、二六—二七頁）

ハッキリと何遍も繰り返し唱えることによって、その意味や内容を心に刻み、どんな幻影が現れても自分自身の投影であると覚るのが大切で、こうして解脱するのです。

このように自己自身の投影であると覚れなければ輪廻し、さまようことになり、再生のバルドに入って行くのです。

③「シパ・バルド」(再生へ向かう迷いの状態の中有)が現れると、ここでは業(カルマ)が引き起こす音響と色彩と光明の三つの幻影が現れて、死者を恐怖と戦慄と驚愕の三つによって錯乱させます。「幻影の意識の身体」の前方に、次の再生の場所を示す、さまざまなサインが現れてきます。ここまできてしまうと、もう死者の意識はどうしようもなくなります。方向を変えようとしても、どんどん決められた方向に進んで行ってしまいます。そして、新しい再生の開始です。この最後に再生を阻止する可能性は大慈悲尊を心に念ずることによって、輪廻のサイクルから脱出することができるのですが、過去に犯した悪業が極めて大きな人の場合は、それでも解脱を達成することは困難です。そして次第に次の生で受ける身体の姿がはっきりしてきます。「生前の行為の結果としてのカルマ(業)の力」によって、次に六道のどこに生まれるかが決まります。六道輪廻の再生の道を辿って行くのです。この時、死者の前に地獄に住む閻魔が出現し、その人の生前の善悪を判断して次の生を決定するのです。

以上のことを考えてみますと、この経典は死者が解脱を求めてまばゆい光に出会い、これに勇気を持って飛び込み、真理に融化し、成仏するのであり、次々と別の光に直面して、これが四十九日まで繰り返されます。光への融化がなければ、その後、死者の生前の行為、心に応じて地獄、畜生、人間等、六つの世界のいずれかに生きているものの胎に入って行くと説くのです。チベットでは、子孫の幸福、繁栄を願って働きかける祖先、それに対する祖先崇拝というものはありません。祖先たちも現在輪廻して、人間、犬、猫、地獄、天国で苦楽を味わいつつ生きているのです。

しかし注意しなければならないのは、『バルド・トドゥル』は、死者が再び生まれ変わってしまう輪廻への道を避け、解脱へ向かわせるための経典であるということです。如何なる場合でも、「自身の錯乱によって現れた幻影であると覚るべきである。そうすれば解脱できる」と説いていることです。そして生前から、瞑想の修練を多く実践してきていなければなりません。臨終にこの経を旅立つ人を通して近親が聞くということは、単に死にゆく人の解脱を求めるだけではなくて、残された生存者が聞くということです。あくまで輪廻から解脱せしめようとするのが、『死者の書』なのです。日本の中陰が、死者の追善供養のために読経するのとは大きな違いがあります。日本でも本来、臨終勤行（枕経）は死にゆく人の枕元で読経し、臨終往生を願うものでありました。このようなことも行われず、往生とともに仏にならせていただく。浄土真宗では中陰は追善供養でない。死者を通して聞法の機とさせていただくといいますが、平常から中陰法要の意義が説かれずに、死者が往生と同時に仏様にならせていただくと中陰法要の時に説いたとしても、信じることができるでしょうか。チベット人のように、生前から送る人も送られる人も親しく『死者の書』を聴聞し、理解しているから、臨終の行儀が意義あるものになるのでしょう。説く人も聞く人も習俗化した法要を意義あらしめるには、『死者の書』から学ばねばならないと思います。

『死者の書』を通して学ぶことは、チベット人にとっては生も死も一つのプロセスで、実は生も死も同じバルド（中有）なのです。生と死が別々に分かれているのではなく、一つのプロセスなのです。つまり旅のようなものです。だからこそ、今のこの瞬間を大切に過ごさなければ、本質には行き着かない単なる旅で終わってしまうということなのです。だれでもが物心ついた時から、人の生命はこの六つの世界をグルグルと転生していると教えられます。チベットの寺院の入口には、必ず六道輪廻図が描かれています。その六道輪廻図を紹介します（三九頁）。

第四章　輪廻六道について

輪廻六道の略図（次頁を参照）は、下の三つが地獄、餓鬼、畜生の世界です。上の三つが人、修羅、天の世界です。その図の中心円にいる動物は三毒の象徴で、「豚・蛇・鶏」です。豚は「愚癡」、蛇は「瞋恚」、鶏は「貪欲」という三毒の象徴です。無知・怒り・欲望の三毒煩悩こそが人間を輪廻転生＝苦しみの中に引きずり込む根本原因であり、究極的には輪廻から脱して「悟り」に達するしかないのです。有輪の中心には、中心の円の下外側は悪因苦果（悪いことをすれば地獄界か餓鬼界か畜生界かに生まれ変わる）を、上外側は善因楽果（良いことをすれば修羅界か人間界か天界に生まれ変わる）を表しています。輪の周縁部には、苦しみの原因（業と煩悩）がどのように輪廻の中の生を生み出していくのかを示す、十二支縁起（無明・行・識・名色・六処・触・受・愛・取・有・生・老死）が絵解きされています。輪をつかんでいるのは無常を象徴する鬼、無常大鬼です。

六道については、『往生要集』に詳細に説かれています。天道は天人が住む世界です。天人は人間よりもすぐれた存在とされ、寿命は非常に長く、また苦しみはなくて享楽の生活です。しかしながら煩悩から解き放たれていません。天人五衰と称し、体が垢にまみれて悪臭を放ち、脇から汗が出て自分の居場所を好まなくなり、頭の上の花にたとえる栄冠が衰退します。修羅道は阿修羅の住む世界です。修羅は終始戦い、争うとされます。苦しみや怒りが絶えません。畜生道は牛馬など畜生の世界です。欲深い人が餓鬼道で、常にお腹をすかせてやせ細って、ほとんど欲望ばかりで生きています。地獄道は大いなる罪悪を犯した者が死後に生まれる世界です。罪を償わせるための勤苦の世界です。

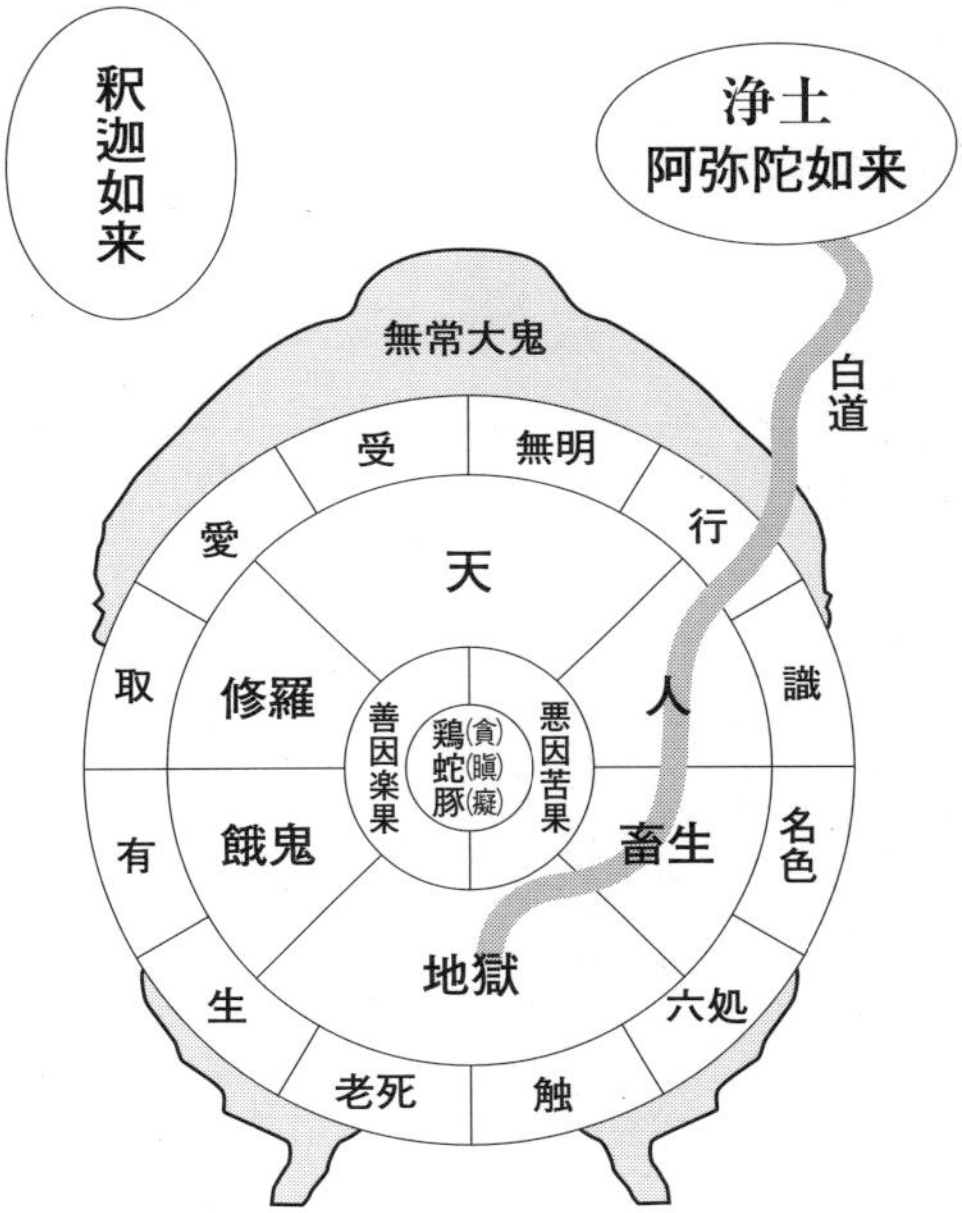

ここで、十二支縁起の輪廻転生の関係を明らかにしておきます。十二因縁の法則は、無明から老死までを繰り返すことによって過去世から未来世への流転輪廻を説くのですが、因果を示すだけでなく、輪廻の生存がどこまでもつづくことを示しているのです。釈尊はすでに述べたように三世の輪廻を否定したのであり、誕生から死に至るまで、ものごとが縁により生じる苦を順に観察して、この人生苦を消滅し、輪廻から解脱する為にはどうすればよいかをお考えになり、無明から老死に至る人間の存在発生から死に至るまでの発想を逆転し、生・老・病・死の苦の原因は無明であり、根本の無明を滅することを自覚され悟りを開かれたのです。ここで詳しく述べることはできませんが、縁起説の苦の集が名色と識との相関関係に基づくのであり、その苦の滅するのは無明を自覚する識によって苦を成立させる原理そのものが一転して苦を滅するのであり、輪廻を解脱するのです。これが一切有部の小乗仏教になって三世実有の六道輪廻になり、この考えが仏教の歴史の中で踏襲されてきました。

ここで注目するのは、六道輪廻図によって、地獄から極楽浄土へ一筋の道が描かれていることです。これは何を物語っているのでしょうか。図の「無常大鬼」であるヤマ（閻魔）は死者の前に立って生前の行為の良し悪しを判断して、その人が次の生のうちの、六道のどの世界に生まれるべきかどうかを決定します。ヤマ王は生前のすべての行いを映し出す鏡を持っていると言いますが、ヤマ王は、外部の絶対者として死者を裁くのではなく、死者その者の意識で、死者自身が自分を裁くのです。すなわち、「これもあなたの意識のつくりだしたものであるからおそれることはない。実体を持つものではないので、これらすべては自身の錯乱によって現れた幻影であると覚るべきである。そうすれば解脱できるのである。地獄のような最悪の罪でも、回心懺悔すれば解脱できるのである」ということを、この図は象徴しているのでしょう。

この「閻魔王」については、その起源はインド古代の神話に基づき、ヴェーダにてはこれを後世の如く罪悪に対する刑罰を司る恐るべき冥界の王者とせず、死者の霊魂を導いて天の光明の楽土に至らしめ、諸天ならびに故人に会って、福徳を享けしめる存在でありました。単に罪人を裁く王ではなかったのです。

それがやがて人間善悪の死後の裁判者にして、悪人の受苦すべき地獄の王者となるのであり、あらゆる死者の霊魂は閻魔の法廷に出されて、罪業の軽重が秤量されることとなります。

中国の唐宋の頃、十王の説が起こり、閻魔は十王の五位に配列され、「本地は地蔵菩薩にして、亡者がその前に来ると、生前の善悪の業が悉く現れるも地蔵菩薩は不可思議誓願力を以って衆生を済度する」（『地蔵十王経』）とあります。わが国の閻魔信仰は、中国のそれを継承したもののようで、『十王経』に依るところが多いようです。『十王経』は偽経といわれますが、「それ十王ということは、本地はこれ久成《くじょう》の如来深位の薩埵にてありといえども、流転生死の凡夫を悲しんで、しばらく柔和忍辱の形をかくし、かりに極悪忿怒のすがたをあらわして、衆生の冥土におもむくとき、中有冥闇の道に座して、初七日より、百ヶ日、一周忌終わり、第三年にいたるまで、しだいにこれをうけ取りて、その罪業の軽重を考えて未来の生処をさだめたもう。これを十王と名付け奉る」（『葬儀についての一考察』一三五―一三六頁）とあります。そして判定の資料となりますものは、主として遺族の追善供養によるものとされていたようですので、こうして中陰は遺族たちにとっては追善の信仰にとなっていくのです。

真宗聖典を見ると、『浄土見聞集』『報恩記』『至道鈔』など、存覚上人の書かれた書物は、「お経を読むと死んだ者が大変喜ぶ」ということが書いてあります。七日七日の中陰、初七日・二七日も、『見聞集』あたりに出てきます。死んだ者は、閻魔大王の前に引っ張り出されて罪を問われます。四十九日の間までは徹底的に調べられますから、その間にしっかり供養して、お経を読んで閻魔大王の取り調べが少し柔らかくなって、罪が逃れられるんだということを細かく書いてあります。そして、地獄に行くか畜生に行くか、お浄土に行くかは、四十九日を過ぎたら決まります。しかし、それでもなお供養してやると、地獄から餓鬼に、餓鬼の者は畜生へと一つずつ上がって行くというので、浄土に生まれた者でも、なお供養することによって還相回向の力が死者に加わると、徹底して〈死者儀礼〉の思想となってきます。自律的な中陰思想が、他律的になっていくのです。

チベット人の中有観を慮る時、単に死んで次の生をいかにして選ぶか、またその輪廻転生を断じて浄土に生まれるかということを、死して後のことと考えていては意味のないことです。中有を解脱や往生成仏の問題として、現に生きている現在に求めねばならないのではないでしょうか。

曽我量深は、「玻璃鏡と云へば直に死後を想像し地獄を閻魔大王を想像する。形のある鏡面を想像する。浄玻璃鏡は自我を照す鏡である。自覚の鏡である。現在の一念は浄玻璃鏡であり、三世を包含するので、過去永劫より尽未来際までかけて自己の感情意志及びその運命を写すものである。浄玻璃鏡とは、如来は智慧の鏡となって、我等の自己の理性の鏡以上に、知ることの出来ない情的罪悪を照して自我の実在を自覚せしめ給い、此に依って如来御自身の実在と救済の可能とを知らしめ給ふのである。真信仰の門に臨むものは、先づ彼の理性鏡を破壊して、如来の浄玻璃鏡の前に立たねば、門は永久に開かれないのである」（曽我量深『論稿集』第五巻「我は今浄玻璃鏡の前に立てり」要旨）と述べているが、閻魔大王の浄玻璃鏡とは、死という前途のない絶体絶命の鏡に照らされて自己の過去を顧みるときに映し出され、見出される業行であり、閻魔の判定とは、自己反省と懺悔をうながす象徴表現と言えるのではないでしょうか。六道輪廻は死後の中有の問題としてではなくて、中有に象徴される現世での罪悪を自覚し、解脱や救済を求めることを示しているのでしょう。

人生はやり直すことができません、しかし、見直すことはできます。言うまでもなく中有は輪廻の一つの概念です。すなわち、四有（四つの存在）は本有が生まれてから死の刹那までの生涯の存在であり、死有とは、死の刹那の存在であり、中有は死と次の生との存在であり、生有とは次の刹那の存在です。そこから次の生の本有、死有へと連続するので、すべて有という存在を認めているのです。中有を認める『倶舎論』では、死有の後に直ちに生有に至ることは希で、多くは中有を経由するとされます。それは死者の生前の業に応じた適当な生処がすぐには見出せないからです。生まれる場所がはっきりするまでが決定する間の存在です。一週間毎に生処が決定し、二週間、三週間……と七週間目にすべての者の生処が決定するので、それまでの中間的存在を中有と言うのです。

次に、この中有の具体的理解について『チベットの死者の書』から考えてみます。

第五章　中陰の新しい捉え方

一　『死者の書』の中有・バルド

前章で明らかにしたように「バルド」は、「中間」とか「途中」という意味をもっています。この言葉によって、「存在とは中間であり、過程であり、途上である」ということです。とても意味のあることが語られています。また、「トドゥル」は「耳で聴いて解脱する」という意味をもっていて、これは死後まもない死者は、まだ聴覚を失っておらず、そこで死者の耳を通して語られる教えが聞こえ、死の意識を通して生と死を解脱する認識に導いていくことができる、という超生理学的な主題を語ろうとしています。バルド・トドゥル――そう言うだけで、すでにここには、ユニークな思想探究がなされているのです。

「バルド」は、「中間」とか「途中」という意味ですが、なにとなにの「中間」であり、なにからなにに向かう「途上」であり「途中」なのでしょうか。チベット人は、生も死も同じバルド（中有）で、生と死が別々に分かれているのではなく、一つのプロセスと考えていると述べました。バルドを、ニンマ派の古い教えは、四つに分類しています。①本有は存在世界（ランシン）のバルド、②死有は死（チカイ）のバルド、③中有は心の本性（チュウニー）のバルド、④生有は再生（シパ）のバルドで、四有すべてがバルド、すなわち中途であるのです。しかも中有を「心の本性」のバルドと考えています。

また、『チベット死者の書』（川崎信定訳、二五頁）によると、中有はさらに詳細には、六つに分類されて説かれています。

（1）〈母胎より誕生してこの世に生きる姿のバルドゥ〉
（2）〈夢の状態のバルドゥ〉
（3）〈禅定・三昧状態のバルドゥ〉
（4）〈チカエ・バルドゥ（死の瞬間の中有）〉
（5）〈チョエニ・バルドゥ（存在本来の姿の中有）〉
（6）〈シパ・バルドゥ（再生へ向かう迷いの状態の中有）〉

その六種類の中、死を通して体験するのが〈チカイ・バルド〉〈チョウニ・バルド〉〈シパ・バルド〉の三つのバルドです。

ここで本有とは本来どういう意味かと言いますと、「本来の存在」という意味です。中沢新一の表現を借りれば、「禅が心の本体」と呼んでいるものを、本書が心の本性と言い、すべての生命活動をつらぬいて活動し、しかもそれ自体は生命活動を抜け出しており、われわれ生命活動をしているものには、その存在の本質というか心の本性には触れることができません。存在世界のバルドというのは、私たちが生きている生命活動が中間・中途に他ならないのです。人間の生命システムの根柢にある阿頼耶識、心の本性がたえまなくはたらいているのにそれを自覚せず、本来の心の本性とは隔たった存在として生きているので、それは本有ではなくて本有のバルドであると考えるべきです。

中有については、「中有は仏教全体でその存在が認められていたものではなく、インドの仏教部派の間でその存否に関して論争が行われていたことを、『倶舎論』第九、『大毘婆沙論』第六十九、『成実論』第三、『瑜伽師地論』第一の記述などから知ることができます。中有の存在を説く代表的部派としては説一切有部があり、他方、存在否定論を主張する部派としては大衆部《だいしゅうぶ》、説出世部《せつしゅつせぶ》、鶏胤部《けいいんぶ》、化地部《けじぶ》などが知られていました。大乗仏教の立場は、中有の有無不定論に属します。中有の存在を説く経典の記述としては、『梵網経』『大宝積経』第五十六、『灌頂経』『中陰経』『地蔵菩薩本願経』などがあり、『大般涅槃経』第十八には、如来の入滅後に仏弟子たちの間で論争の種となる十四の問題の一つとして、この中有の存否のあることが予言されています。

仏教の経典の数の多さから見れば、このうちで中有に言及するものは決して多数とは言うことができません。しかも言及のある場合でも極めて少量、簡略であって、仏教風習としての四十九日忌や中陰法要がアジアのほぼ全域に広まり伝承されている事実に比較して、経典の根拠とするには不充分なものです。典拠の一つとして数えられる蔵川述の『地蔵十王経』は、むしろこのような経典の根拠不足を補うために、後代になって中国（または日本）で選述された偽経であることがすでに判明している（『チベット死者の書』二〇三頁）と論じていますが、中国・日本において中有・中陰信仰が盛んに行われる背景には、仏教における中有に対する明確な論述がないからでないでしょうか。インド・中国・日本を問わず、古来より長生不死を欣うのは人として自然の感情です。そしてまた必ず訪れる死の恐怖を如何に超えるかということも、人として原始の時代から探究されてきた課題であります。永年、娑婆世界で生きてきた「いのち」が容易に亡くなってしまうのではなくて、この世のすべての存在が輪廻する、すなわち姿や形を変えながら永遠に存在しつづけ、それにはそれ相応の時間を要すると考えるのは自然のことであります。『死者の書』が「生と死の中間のような期間」を神秘的な表現で為しているとは言え、生と死のプロセスを一貫して具体的に語っていることに、既成の中有の概念を考え直す必要があるのではないでしょうか。このような意味で、従来考えられてきた中有（中陰）の考えに大胆な提言をしたいと考えました。

二　曽我量深の中有

曽我は明確な文章で中有を論じてはいませんが、次のような文があります。

常に我等は生死の最後の所にある。生死の最後の所に居て而して常住の世界と直結してゐる。生死の終るところ、即ちそれは不生不死の始まるところで、そこに我等は立つてゐるのである。それを自覚しないのを「迷ひ」と言ふ。これが中有に迷ふといふことである。人間が死ぬると中陰と言ふ、四十九日は中陰として地獄か極楽か不定の位でウロウロとなする。これを慰めるために四十九日の御経を読むが、中有に迷ふと言ふはこんなことである。よい加減なところで信ずるを自力疑心と言ふ。定散自力の信心は、正しい信心から言ふと中有に迷うてゐるのである。我々は現実をよい加減に考へてゐるが、我々の歴史的現実は生死のドタン場に立つてゐる、そしてそれが涅槃に直結してゐる。この事を自覚せしめて下されるのが南無阿弥陀仏である。「南無」は娑婆の終り「阿弥陀仏」は涅槃の始めで、南無に於て生死が終り、阿弥陀仏に於て涅槃が始まると思はれるが、南無のところに娑婆の終りと涅槃の始まりがあるのである。喩へて見ればこれは太陽が出て夜が明けるか、夜が明けて太陽が出るかといふ事であつて、勿論太陽が出ないと夜は明けないであるが、夜が明けた太陽が出るのでなくて、親鸞聖人は太陽が出て夜が明けると言はれるのである。信心決定して救はれると言ふが、信心は如来の廻向で「信心」が「救ひ」そのものである。

信心を得て助けて貰ふのでなくして、仏をタノムのがお助けで、仏をタノムといふ事が仏の呼び声である。如来招喚の勅命に信順することが早や「タノム」といふ所に如来の救ひがあるのである。（『曽我量深講義集』第一巻「本願成就」第二講、一三〇頁要旨）

曽我は中有を、死んでからの四十九日間のみを言うのではなくて、自力疑心や定散自力の信心も中有と考えている。凡夫の信心である定散自力の信心は疑心であり、自力の信心は仏の救いを疑う信心であり、計らいなしに如来をタノムのが救いなのであり他力の信心で、われわれが通常に考えているような信心は中有であると言うのです。そして曽我は、如来のお助けを疑うことなく信じる如来回向の信心を獲得できない者に設けられるのが、死有から次の生有の四十九日の中有（中陰）と考えているのです。今度の生をもって迷いの生の終わりとし、もう再び迷わない、今度出てくる時は還相回向で出てくる。この生において如来の本願にたすけられ、この生において如来のおたすけを信ずる。あるいは如来を信ずることによっておたすけをいただく。生きておるうちにおたすけをいただくことが大切なのです。

御開山の教は、信心決定のとき前念命終、後念即生とある。これは善導大師のお言葉である。善導大師では、娑婆の命の終ったときが、浄土往生のときである。娑婆の命は終ったが、浄土へはいつゆくかと、そうではない。娑婆の命の終るとき、浄土の始まるときである。同時である。道理をもって言えば娑婆の命終って、浄土へ往生するのである。けれども、娑婆の終った時、早やそこが浄土である。同時である。これを自覚の上で言えば、信心決定であるとおっしゃる。観念では娑婆の命が終ると、どうなる。今度は浄土へゆく。娑婆が終ったから浄土へまいるとすぐ考える。そこには娑婆から浄土への道中がある。これは観念で、化土《けど》往生という。道中があると、荷物扱い、貨物列車で運ばれるようなものである。貨物列車で運ばれるのを化土往生という。七宝の宮殿である。阿弥陀仏が二十五菩薩はじめ無量無数の浄土の菩薩をひきいて、念仏行者の枕もとへ臨終にお迎え下さる。すると蓮華がひらいて、ここへおはいりなさい。はいると運ばれる。これは荷物である。その極楽へゆく時間の早いことは、まげたひじをのばす早さである。極楽へゆくにしたって道中がある。命終って浄土に生れる。いくら早くても時間がある。娑婆の命終って浄土にゆく中間がある。これを仏教では中有という。中有とは中間という。中間生というものをつくる。娑婆から極楽へゆく中間の生があるに違いない。化土はそういうところである。かように直ちに報土を与えずに方便化土をたてるのである。

中有に対して、本有ということがある。本有とは、娑婆なら娑婆、化土なら化土。浄土に有はないが、化土は娑婆の有になぞらえて、便宜上、方便で導いてそうおっしゃるのである。化土はあるものか、ないものか。あるともないとも言える。方便である。方便と嘘とは違う。嘘は悪意をもって人をあざむかんとしてたくらむ。人間を本当にたすけてやろうというまことをもってしたら真実である。中間のあいまいの一生を終る人は、閻魔さんに迷惑をかける。閻魔さんは、どちらへやろうと迷われる。地獄は可哀そうだから、餓鬼道においてもらいたいと抗議を申し込む。未決である。未決を中有という。決定したら本有。宙に迷うというが、中有に迷うということに違いない。（同書、第六巻、一九五頁要旨）

親鸞は、「平生のとき不定のおもひに住せば、往生かなふべからず。平生のとき善知識のことばのしたに帰命の一念を発得せば、そのときをもつて娑婆のをはり、臨終とおもふべし。乃至本願を信じ名号をとなふれば、その時分にあたりてかならず往生は定まるなりとしるべし」（『浄土真宗聖典――註釈版』八八四頁）と言われていますが、本願力回向の信心によって娑婆の終わりがすぐに浄土に往生すると、平生業成を強調されています。

平常のときに仏智不思議により臨終の一念に必ず仏にならせていただくと信じられる人が、中有を経ずして娑婆の命の終わる時、浄土の始まる時で同時です。娑婆の終わった時、早やそこが浄土であり同時です。それを自覚しない迷いを、中有に迷うと言うのです。死して送られる人も、遺されて送る人も、信心未決か自力の信心である場合は、真実の浄土である報土往生には道中のある化土の往生なのです。化土往生を疑城胎宮《ぎじょうたいぐ》と言われ、せっかく浄土に生まれても蓮華の中につつまれて、あたかも母の胎内にあるがごとく、五百年の間、仏に遇わず、法を聞かず、聖衆を見ることができないと説かれるのも、この中間的な存在を象徴しているのでしょう。自分の「いのち」にこだわって、死にたくないと思って生きていますが、その私たちを誘い、阿弥陀如来の浄土の世界へ一緒に行きましょうと誘ってくださる。輪廻転生を断ち切れず、臨終まで浄土往生を信じることのできない者に、法蔵菩薩の大悲誓願によって化土往生をさせていただく期間が中陰と考えるべきではないでしょうか。死にゆく人を通して四十九日の間、六道を経巡る自己の心中を内観して、法蔵菩薩の大願業力によって無上涅槃を期する聞法修行の過程とすべきでありましょう。死ねば仏になるという習俗で言われる考えも、死者を通して、自己が念仏して仏にならせていただくと信じられてこそ、その意味が領解できるのです。

われわれは常に生のみを考えて、死を遠のけて生活しています。生死に迷う存在のままで臨終を迎えては酔生夢死の人生であり、これが生と死の間に迷う中間的存在だというのです。生死の最後のところに居てしかも常住の世界と直結しているとは、二河白道の比喩に明らかにされているように、平生に生死の巌頭に立つ自覚がなければならないのです。その自覚のないのが、迷いであり中有です。

阿弥陀の本願は、我々の生死そのものの根元を、生死の根元を求めて、生死の苦しみの根元を始末する本願である。外の神仏は要するにこの世だけの関係であるが、阿弥陀と我々との関係は世々生々の間の関係である。生々世々離れぬ関係を持つ。法蔵菩薩が世自在王仏の御許において四十八の超世の本願を発した。本願が超世である。一時的の慈悲は生れてから死ぬまでのこと、生のよって来るところ、死の趣向するところを極めていない。生と死の中間に生れておる。外の人生の問題は大体物質で解決がつく。失職、病気で親子心中というような時でも金銭で大体解決がつく。しかし生死の根本の問題はそれでは解決はつかぬ。生のよって来たるところ、死の趣向するところというが、その中心は現在である。いながら、やはり未来を観念しているのが今日の浄土真宗の状態でないか。この生はどうしてみようもないという、この生はつまらぬ、この生はどうでもよいところ、未来一つは安養浄土へ往生すればよいというのが阿弥陀の本願であるかの如く、そんなことが『大無量寿経』の教えであるかの如く、それが親鸞の教えであるかの如く考えられて来ている。今日浄土真宗の衰えているのはそこに問題があるのではなかろうか。それで人間が真剣にならぬ、人間が現在が分らぬので未来を観念する。ほんとの未来は現在のなかの内容である。内在する。内在超越と申すべきである。現在のなかに内在するところに未来が成就する。現在を無視したただの未来などというものはない。現在するので有難い。現在の事実に関係のない未来のみ長い間聞いている、如何にも有難いもののように聞いている。しかし事実は有難いものでない。事実に触れぬので、有難いで済ましている。夢物語である。

（同書、第十一巻、一〇八頁）

今生と後生とは別々の二つではないのであって、今生が終わって死んでから後生があるという後生は迷いの後生です。つまり、死ぬというとまた別の生が続いていく、いわゆる流転輪廻の連続の後生というのは迷いの後生です。生のよって来るところ死の趣向するところを知らない、生と死の中間にいるのが迷いであります。後生の問題は生きているうちの問題、生死の中にあって生死を超える、生死を超えても死ぬというのではない。我等は生死の中にあって生死を超えて生死に生きるのです。

曽我は四有の思想の死有と次の生有の間のみを中有と言うのでなくて、『死者の書』にあるように、解脱に達するまでは中有、中間的存在であり、途中の途であり、したがってこの世に生まれてきて死ぬまでも中間的存在の迷いの存在と考えているのです。

本有とは四有の一つで、中陰の言う生有と死有の間の現存の人生のことです。本有には「本来の在り方」という原義がありますが、酔生夢死に迷う生き方は中有、中途半端な生き方と言うべきでありましょう。

『死者の書』で種々に現れてくる幻影は自己自身の幻影であり、それを自覚するとき解脱すると説いていますが、この現実の人生における迷いの人生を譬喩的に象徴し、その人生を死を賭して顧みるのが四十九日の中陰と考えるならば、死者の中陰法要を勤めさせていただくことは、弔う死者の法要を通して、遺された生者の人生を反照する聞法求道の場となるのでありましょう。

ここで本有、自己の本来の存在ということを論じてみます。中沢は、「心の本性は何ものにも限界づけられない自由で清浄な活動性だ。それは、時間や空間にも限界づけられないし、物質の世界の法則にも、限界づけられず、生命のなかで働きながら、一生命のシステムからも自由なのである。いっさいの条件づけから自由である。それは禅の無衣の道人であり、仏性の本体である、すべての生き物の生命と意識の活動において働いている「仏性」が「自発的にうまれる純粋な叡智のはたらきである。それは、よく磨かれた鏡のように清浄で、透明な光を放ちながら、あらゆる生命活動をとおして、自分を輝きださせている。私たち自身が、純粋な「仏性」のあらわれであることを、知らないので、カルマのなかに巻き込まれていくことになる。だが、直観知によって、自分の心の本性を、悟ることによって仏性としての本性をとりもどすことができる」（『三万年の死の教え—チベット『死者の書』の世界』一一五—一一八頁要旨）と述べています。

それに対して、親鸞は信心仏性と言います。信心が仏因であり、浄土へ往生すべきところの正因である信心が仏性であり、仏がお前を助けなければ私は仏にならんと言われるのを信じるのが信心仏性なのです。親鸞の考えを領解して曽我は、次のように述べています。

他力信心と云へば人は直に「自ら愚にし」「自ら好んで愚になる」のであると思ふ。

「自ら賢い」と妄想する彼等には当然の事である。

けれども我等は「愚にかへる」のである。「現在に愚であると自覚する」ことである。自覚は能照の智光の存在を必要とする。随て「愚にかへる」所の我には同時に「愚なりけり」と照す絶対智慧の炎王光がある。此能照の光明なき以前は「愚にかへる」とは「愚になる」ことであつたであらう。自ら賢とし善とするは普通の人情である、随て自ら愚なり悪なりとするは我に在りては全く自我の破壊である。

則ち「愚になる」と云ふは不自然であり、「愚にかへる」と云ふは自然である。而も此両者の分るゝ所は前者には如来智光の信念なく、後者には仏智不思議の信光があるからである。

誠に如来を知らざるものは智になることが出来なければ唯「愚になる」より外はない。「愚になる」は堕落である。世人が滔々として堕落の淵に沈むのは一に如来の信念なきが為である。信念なき人生是を難行道と云ふのである。

然るに如来を信ずる我等は智になることを欲せない、何となれば「愚にかへる」ことに依りて、如来智光の主人となったからである。「愚にかへる」とは「愚に安んずる」ものである。「無明長夜の燈炬」を望んで「智眼くらきを悲しまざる人」である。信念の生活を易行道と云ふは是所以である。

かくて局外者には「愚になる」所の不自然の迷信の如く見ゆる他力の道は、我等が上には「愚にかへる」所の自然の真信となるのである。

畢竟、自力疑心の道は「なる」教である。智になり得ざれば止むなく愚になる道である。他力信心の道は「かへる」教である。愚にかへりて如来の智光にかへる道である。（『曽我量深選集』第四巻、二六〇頁）

浄土真宗では、本来の自己とは仏の智慧の光に照らされて愚にかえることなのです。愚になるのでは、本来の自己なのではありません。真宗では、愚にかえることが、自己にかえること・自己を取り戻すことなのです。

浄土真宗の本来の自己とは、自力大乗仏教の禅の如く、仏性を覚ることでも、小乗仏教の如く戒律を守り、清浄純粋な自己になることでもありません。親鸞の本来の自己とは、愚禿と称せられる如く無底の罪の存在である自己を深信することなのです。流転する底下の凡愚を信じて、共に流転する身になってくださる仏によって仏を信じる、それを信心仏性と言い、真実の人格は仏凡一体にして、如来に摂取せられたる我なのです。それが愚にかえる自己の本性であります。

さらに、吉本隆明の『未来の親鸞』（春秋社、一九九〇年）の正定聚《しょうじょうじゅ》についての考えを紹介します。

三　吉本隆明の正定聚

吉本は人間の死と死後の浄土とはどう考えたらよいかということに対し、次のように述べています。

〈死〉というものがどこかにあって、その後に魂だけがゆく世界があるという考え方は成り立たないと親鸞はかんがえました。それではどこに成り立たせようとしたかというと、死んだ後にゆける浄土のもうすこし手前に、あえて比喩でいいますと、生きていることと、死ぬこととの「中間」のところに、〈浄土〉という考え方と〈死〉という考え方を移したというふうにおもいます。つまり、生と死の暗喩としてのちょうど「中間」のところに、あるひとつの場所を設定しますと、その場所がいわば〈浄土〉であり〈死〉だということです。その場所から照らしだすと、わたしたちの生きているこの世の生というものもよく見渡せるし、逆に、あの世というふうに仏教者がかんがえてきた浄土というものもたいへんよく見え、そのうえ浄土に直通している、その場所がかならずあるとかんがえました。そうすることで浄土教の理念である、阿弥陀仏を至心に信仰して名号を称えれば浄土へゆけますよという云い方が、はじめて実感として成り立つと親鸞はかんがえたとおもいます。そこが親鸞の思想の核心であり、仏教の浄土門の考え方の終着点だったとおもいます。そういう意味では親鸞は、当時でいうと浄土門の世界的な最後の思想家です。そこで浄土理念は最後の集大成をしたんだというふうにおもいます。（同書、一七〇―一七一頁）

〈死〉はどこにあるかということをかんがえることは難しいことですが、〈死〉の方からいまじぶんというものを照らしだすとしたらどういうことになるんだろう。いま、じぶんがかんがえていることは、どういう問題としてでてくるんだろう、ということがもうひとつあるとおもいます。じぶんが、こちらから〈死〉の方にむかって、やがておれも死ぬんだとかんがえている考え方とか、もうすこしじぶんはなにかをやりとげて死にたいとか、というようにかんがえていることは、こちらから〈向う〉にむかっているからそうかんがえているんであって、〈向う〉からこちらにむかう視線をかりに想定することができれば、その視線を同時に行使したら、その問題がどういうように見えるだろうかという問題がでてまいります。あるいは、〈死〉の問題というのは、どういうように見えるだろうかという問題がでてまいります。それからもうひとつ、そういうように見通して、じぶんはまた心の問題と向うというのはよくわからないところですが、たぶん親鸞なら「正定聚」の位だといふうにいったかもしれないそういう場所なんですが、そういう場所、つまり浄土が見える場所から、こちらを見たならば、どういうように見えるだろうかという課題もまた追求しなければなりません。つまり比喩でいえば、こちらから〈向う〉へ〈死〉にむかってものごとをかんがえていく視線と、〈向う〉からこちらにむかってものごとをかんがえていく、あるいは心の問題をかんがえていく視線とを、いつでも自在に、自在ということがどういうことかも難しいですが、それを往復するということができたらいいとおもいます。いわば、わたしたちは、〈死〉というものを〈生〉と〈死〉という境界をつけてひとりでにかんがえているわけですが、ここから〈死〉で、ここから〈生〉であるというような境界は、ほんとは厳密にいうとないんだよというところまで、〈死〉を往復することによって追いつめることができたらいいと、ぼく自身はおもっています。（同書、一五七—一五八頁）

吉本は、親鸞が浄土という場合、二通り言っていると考えています。ひとつは、普通かんがえられているとおりで、死んだあとに行ける浄福の世界、場所ということです。それは親鸞がお弟子さんにあげた書簡の中に、いつかまた往生したあと、浄土でお会いしましょうみたいな言い方をしているところがあります。これは、われわれが普通に使う浄土の意味です。もうひとつは、「正定聚」の位自体を浄土としているのです。死んだあとに行く世界の意味で言っているのではなくて、生と死のちょうど間のところ、つまり、一生懸命信仰して弥陀の誓いを疑うことなく、その他力の光の中に包まれたような状態で念仏を称えられた時に行ける場所です。死ねばすぐそのまま浄土へ直通できる、そういう場所です。浄土とは生と死の中間でもって生のほうから照らし出せるし、死のほうからも照らし出せる場所、「正定聚」の位を親鸞は浄土というふうに見なしています。それは決して、死後の世界ではないわけだと吉本は言うのです。

親鸞の現生正定聚を生と死、この世と浄土の両方を見渡せる中間にある位と見なすことによって、浄土に向かう往相と、この世を見直す還相の眼を持つ場として正定聚を考えています。

ここには死有と次の存在である生有の中間的な中有の比喩的な存在は消滅して、浄土とこの世の両方を見渡せる場が正定聚です。浄土と娑婆を同時に見渡せる位置こそが、信の一念に浄土に往生する不退転の位に住するとともに、必ず仏に成るとの現当二益を得るという意味なのです。

この吉本の考えは、曽我が第十一願を分水嶺の本願と名付けている考えに似ています。たとえば、曽我は、人間の分限というか限界を知るところに仏の世界が始まる。その人間の分限をつきつめて、その人間の分限の終ったところに仏の領域が始まるのである。正しく二河喩の三定死の一点である。阿弥陀の本願によって浄土もこの本願によって成立ち、娑婆もこの本願によって成立っているのである。「化土といふは何処にあるか。それはこの世界が化土です。単にこの世界を娑婆と云つてをりますが、この世界は娑婆であつて、娑婆であるがゆゑに化土である。仏の教化を受けて仏道修行をするところの大切な世界といふことです。化土はこの世界だけでなく、南無阿弥陀仏をいたゞくことによつてこの世界がまづ化土で、この世界を化土と知らぬからもう一遍化土に生まれてくる。この世界を化土と知れば報土に行くのである。この世界はつまらぬ世界ぢや、と云うてゐる人は念仏をしてゐても、念仏は尊いけれども、その人は念仏の尊さに徹底してゐないからもう一遍化土に生まれて五百歳の間修行しなければならない。それもよいけれども、僅か三十年四十年の化土を越えて一足飛びに真実報土である。娑婆・化土・報土と三つあると思ひますけれども、娑婆と浄土といふ二つが、化土と報土の二つ。はじめから三つと考へて、みんなは、化土と報土のどつちを選ぶべきか、と云ひますけれども、今の生活に化土を感得すれば未来は真実報土間違ひなし。今の世界を化土といふことの自覚のない人は、もう一遍化土に戻つて流転しなければならん、かうだと私は思つてゐる」（『曽我量深選集』第十一巻、二四二―二四三頁）と、衆生の立場では穢土と浄土を自覚する分岐点が第十一願であることを明らかにしています。

すなわち娑婆と浄土とのいずれか一方だけを見るのではなく、一方において、同時に他方を見るということ、二重世界的に見ることが可能になる地点に立つことです。現生正定聚とは前方を見れば往相道である浄土成仏の確信であり、人生を顧みれば利他教化の還相なのです。

十一願成就文は大経（『無量寿経』）下巻の冒頭にあり、上巻との分かれ目に位置しています。仏の世界と人間の世界の分水嶺です。浄土と娑婆の岐れ目、二つが独立して岐れる二つの世界の元をハッキリさせるところの境界が第十一願であって、一方は浄土、一方は娑婆が出てきます。その元は一如法性ですが、その一如法性が南無阿弥陀仏になって、そこから人間の世界と仏の世界とが、三角形の二辺が分かれて出ます。正定聚に住するが故に滅度に至ると二つありますが、親鸞以外のほうは未来に正定聚に住して、その上で最後は必ず滅度に至らしめようと了解していますが、それでは第十一願の意味はわかりません。第十一願は、浄土と娑婆の二つの世界の分水嶺です。阿弥陀の浄土と我等の娑婆との交叉する頂点に、十一願必至滅度の願があります。その頂点に身を置く時、すなわちこの分水嶺に立つ時、娑婆と浄土の分限がハッキリと自覚され、現生不退、現生に正定聚に住することが明らかになります。正定聚とは、分水嶺の頂点に立って此土と浄土の区別をハッキリさせることです。それは頂点、生死の巌頭に立つ故に、「去此不遠」と浄土を身近に感じ、この土に居りながら滅度に至ることを信知するのです。

四　宮沢賢治の体験

宮沢賢治の詩に『眼にて云う』というのがあります。

だめでせうとまりませんな
がぶがぶ湧いているのですからな
ゆうべからねむらず血も出つづけるもんですから
そらは青くしんしんとしてどうも間もなく死にそうですけれども

なんといい風でせうもう清明が近いので
あんなに青空からもりあがって湧くように
きれいな風が来るですな
もみじの蚊芽と毛のような花に
秋草のような波をたて焼痕のある藺草のむしろも青いです
あなたは医学会のお帰りか何んかはわかりませんが
黒いフロックコートを召して
こんなに本気にいろいろ手あてもしていただければ
これで死んでもまずは文句もありません
血が出ているにかかわらず
こんなにのんきで苦しくないのは
魂魄なかばからだをはなれたのですかな
ただどうも血のためにそれを言えないのがひどいです
あなたの方から見たらずいぶんさんたんたるけしきでせうが
わたしが見えるのはやっぱりきれいな青ぞらとすきとほった風ばかりです

この詩は、宮沢賢治が動物性食品を一切摂らなかったため、壊血病となり歯から出血して止まらず、その上、結核の喀血もあって倒れた病床の、四十度の熱の中の作品です。この詩は、「さんたんたる景色」と「すきとおった世界」とが同時に見える、第三の視点に留まる時間を指しています。娑婆と浄土が見通せる場に立っています。これは、吉本の正定聚と考えた場所と類似していると考えられます。そこは「きれいな青ぞらとすきとほった風」の世界であり、そこから、さんたんたる景色（現世）を見ながら、すきとおる世界（浄土）へと直行（成仏）するわけで、死はどこにもありません。そこには死もありませんから、往生と言うのです。

第六章　往生は生活である

一　体失往生と不体失往生

　われわれは臨終になって初めて往生すると思っています。臨終までこの世にしがみついて、臨終になって一足跳びに浄土に往生すると考えています。

　覚如上人の『口伝鈔』の「体失・不体失の往生の事」という表題の文章の中に、「善信（親鸞）は、「念仏往生の機は体失せずして往生をとぐ」」（『浄土真宗聖典――註釈版』八九六頁）という言葉があります。念仏往生を信受する人は不体失（死なないまま）で往生をとげるのであると、宗祖が言われたことを伝えています。また、『執持鈔』に「帰命の一念を発得せば、そのときをもって娑婆のをわり、臨終とおもふべし」（同書、八八六頁）の言葉もあります。『愚禿鈔』にある、「本願を信受するは前念命終なり。即得往生は後念即生なり」という、宗祖の覚え書きの中にうかがうことができます。

こうした覚如上人と宗祖の『愚禿鈔』のお言葉を付き合わせて思われることは、信心獲信の一念において「往生が始まり」、臨終の一念において「往生をば遂ぐる」、すなわち「往生を成就する（終わる）」、そういう「一つの往生の始終」として往生を見る。往生のプロセスとして「往生がさだまり」（即得往生）、「臨終一念の夕べ、大般涅槃を超証す」、いわゆる「往生を遂げる」と理解すべきなのでしょう。

二　往生は生活

曽我は、「人生は往生である、往生のないところに人生はない。往生は人生生活である」と言っています。それが四有でいう本来の意味の本有と考えるべきではないでしょうか。

「行の巻」に、「しかれば、大悲の願船に乗じて光明の広海にうかびぬれば、至徳のかぜしずかに、衆禍のなみ転ず。すなわち無明の闇を破し、すみやかに無量光明土に到りて」。ここに「到る」とある。「無量光明土に到りて、大般涅槃を証す。普賢の徳にしたがうなり」。安楽浄土に到着する。ただ往生したといわずに、到着したという。到着するということは、至るべきところへ至った、と。つまり、終着駅である。汽車に乗って、東京駅へ着いたのを、東京駅へ至るという。往生ということは、汽車に乗ったときから往生。汽車に乗ったときから東京駅へ着くまでが往生。そして、東京駅に着いたときに、東京駅へ至ったという。至ったのは、往生の終着点でありましょう。それを往生即成仏という。往生するときは成仏ではないけれども、成仏に等しい。往生のはじまった時から、成仏に等しい。成仏に等しいということは、当来仏。われわれは、信の一念を獲たときに、現在仏ではないけれども、当来仏である。過去の仏、現在の仏、未来の仏。三世の仏というのがある。三世の仏の中において、弥勒菩薩は、当来仏である。弥勒と同じく当来仏になる。

だからして、往生ということは、成仏すべき身の上となった。成仏すべき生活が始まった。成仏すべき生活が始まったのでありまして、往生すべき生活が始まったのではない。生活そのものが往生であって、往生すべき生活というものではない。生活そのものが往生。往ということは飛躍であり、超越である。だから、経文を見ますというと、「必ず超絶して、去てて、安養の国に往生することを得れば、横に五悪趣を截り、悪趣自然に閉ず」。これも、ことばは当益でありまするけれども、しかしながら、現生の指が未来を指しておる。現生において、そこに未来というものが、ちゃんと包まれておる。現在の中に未来を包んでおる。未来を包まぬような現在は、現在ではない。それは、生活ではない。人間のほんとうの生活というものであるならば、ちゃんと未来を包んでおる。方向が、はっきり決まっておる。未来になにを目ざしておるかというと、成仏を目ざしておる。往生は成仏を目ざしておる。成仏を目ざしておるところの往生である。成仏を目ざしておるところの生活である。（『曽我量深選集』第九巻、二八二頁）

往生が始まらないならば成仏は遠い所にあります。けれども既に一息一息が往生の日暮しであるから必ず滅度に至ります。だから今は仏でないけれども、仏様に成ることは目前にあることになります。

「念仏を本とする」とは、本とは始めであり、又本は根本の根ということである。根はものの始めであり、「本とす」というのは「始めとす」ということである。往生の業は念仏から始まる。往生とは、私の今の生を超えて、根本の生、我々の世界の背景に根本の生がある、我々の人生がそれより出でて、それに帰る所、これを浄土と言う。この根本の世界へ向って往く。我が人生とはその道中である。故に「往生」とも「根本に帰る」とも「往く」とも言う。人間は「まことの生」というものに向って歩む。それも直線的と言うよりは渦を巻いて行くのであるが、いずれにしても、かくの如く真実往生の業は念仏から始まる。念仏・南無阿弥陀仏は往生の業を開く本である。往生の業は南無阿弥陀仏から始まる。つまり往生とは人生の生活――人生は念仏に始まって念仏に終る、人生終始一貫念仏であるが、先ず以て人生の始めは念仏にある。人生は念仏から始まる。また我々の一日の勤めは念仏から始まる。これは勇みの念仏である。この念仏によって我々は力の根源を戴く。人間の力の根源を南無阿弥陀仏と戴く。それから一日の働きにかかる。往生の業は念仏を、本とするのである。（同書、第一巻、三五二頁要旨）

信心の人はこの娑婆世界に居るけれども、すなわち浄土の旅をしているのです。信心と往生とはその間に隔たりがあるように思うけれども、信心と往生とは連続しています。今現在というものと、臨終というものと、その間の隔たりがあるように思っているけれども、そうではなくて、ずーっと連続しているので、往生とは、心に浄土が開けたことを言うのです。今までは浄土が開けていなかった。今まではただ娑婆だけの生活であった。今まで心が娑婆におって、そうして生死の苦しみをしておった。真っ暗い暗闇の中に生死の苦しみをしておったのですが、往生は日常の精神生活、この日常の精神生活というところに往生があります。それを「心すでに常に浄土に居す」と言うので、心に浄土が開けてくる。

ただの現実生活ではない。娑婆世界を超えて浄土を包んでいる生活を念仏生活と言うのです。平生と臨終は一つで、一息一息の念仏に一息一息が皆往生です。この現生に仏に生まれ変わる力をはらんでいる。現実の生活において仏に生まれ変わる力を自覚する。これが他力の信心で、浄土に生まれる前に生まれる証拠を握る。それが信心仏性ということであり、その体は南無阿弥陀仏である。現実の生活が念々に成仏の旅路であるのは、どんな境遇にあっても境遇に負けぬ。病気をすれども病気を友とする。病気を包んでむしろ病気を友として安んじてゆく。与えられた病気という環境に逆らわない。貧乏するとお金の尊さを知る。貧しくなって初めてお金のありがたさを知る精神生活であり、そういう精神生活を宗教生活と言うのです。

「凡夫《ぼんぶ》」といふは、無明煩悩われらが身にみちみちて、欲もおほく、いかり、はらだち、そねみ、ねたむこころおほくひまなくして、臨終の一念にいたるまでとどまらず、きえず、たえずと、水火二河《すいかにが》のたとへにあらはれたり。かかるあさましきわれら、願力の白道を一分二分やうやうづつあゆみゆけば、無碍光仏のひかりの御こころにをさめとりたまふがゆゑに、かならず安楽浄土へいたれば、弥陀如来とおなじく、かの正覚の華に化生して大般涅槃のさとりをひらかしむるをむねとせしむべしとなり。こ

れを「致使凡夫念即生」と申すなり。二河のたとへに、「一分二分ゆく」といふは、
一年二年すぎゆくにたとへたるなり。（『浄土真宗聖典――註釈版』六九三頁）

親鸞が『一念多念文意』でこのように言われるのは、生きておるうちには止まっていて臨終になって一足跳びに浄土へ往くのではなく、往生とは生きている現在の生活が浄土への歩みである、すなわち臨終に至るまで絶えることのない煩悩具足の身であることを念々に今々と新しく念仏相続していく生活、人生は往生であり、その人生を終え臨終とともに大涅槃（成仏）するということを明らかにしたのです。

以上、輪廻転生の歴史を解明して、輪廻転生において中有（中陰）の思想が、輪廻の解脱、あるいは輪廻からの救済にとって如何に大切であるかを述べてきました。最後に、具体的な中陰法要の在り方の理想的な実例を挙げておきたいと思います。

第七章　中陰法要の理想的在り方

『無量寿をめぐる生死の想念　追悼講話』上下二巻（渋川敬応、百華苑、一九七七年）は、通夜・収骨法要、そして初七日から満中陰に至るまで、あるご門徒の方の往生に至るまでの法話です。

亡くなった主人と奥さん、そして息子夫婦との臨終前の対話が中心として語られています。上下二巻にわたっての詳細な法話記録でありますが、初七日のほんの一部の要旨を紹介致します。これこそ誠の中陰法要の実話であります。

一　病床の法縁

老人の信仰体験につきましては、今日の主題である病床における老人のおもかげ、奥さんとの対話につきましてお話をすることにしたいと思います。これは、私が、老人の病状を心配しましておとづれました時に、ゆくりなくも見聞しましたおごそかにして美しい情景であります。それは、往生の十日ほど前のことでありました。その時には、老人の奥さんと、ご主人夫妻と、看護につききっていられた親戚の奥さんとぐらいでありましたから、他の親戚の方たちは知られないのでありました。後になって、その時のことを、ご主人からお聞きになった方も、いられるかと思いますが、お話をすることにしましょう。

私は、今日まで、たびたび重病の人の枕辺で法話をしたことがあります。これは、臨床法話といいまして、大切なことであります。このようにしまして、たびたび経験してはおりますが、その中で、もっとも深い感銘を受け、強く印象づけられましたのが、その時の情景でありました。私が、おとづれましたことを聞かれた老人は、病床に座って待っていられたのであります。私には、座っていられるのが、つらそうに直感されましたので、横になったままでよろしいと何度もすすめて、仰臥してもらったのであります。

「老人、ご気分はどうですか」とたづねますと「先生、よくおいで下さいました。

もう今度は、終りでございましょう。ここ一週間ばかり前までは、もう一度よくなるかもしれないというようなことも思うていましたが、今日では、そういうことも思えぬところまで、どうやらゆきついてしまいましたので、かえってなにやらおちついた心もちを味っておりますが、これも、み法《のり》のおかげであるとよろこばせていただいているのでございます。私、しみじみと思うのでありますが、もしも、おみ法《のり》のご縁がなかったならば、この命の終りますまで、どうしてよくならないのであろうかなどと愚痴が出まして、近親のものたちの心な痛めることだろうと思うのでございますが、あきらめとでも申しますのか、おちついた心持でいられることが、そしてまた、みんなのしてくれることに、ありがとうと心からいえることが、まわりのものたちに、やすらかさを感ぜさせていますらしく、みんなのそぶりによりまして、私にはよくわかるのでございます」。

　私は、老人のこの心境に、まわりのものに心の痛みを感ぜさせないでいることをよろこんでいられるところに命の終りに近づきつつある老いたる人の、まわりの人たちに対する静かにして深い愛の心を感ずるのであります。誰もみなが、このような心境におきまして、命の終りを経験したいものであると、私は、感じたのでありました。老人の言葉をつづいて聞くことにしましょう。

「私も、凡夫のことでございますから、もう一度よくなりたいという心もちを棄てきれぬのが本性でありますが、その中から、こうしたおちついた心持を感ぜさせていただくことのできるのも、往生ということを、決定させていただいているおかげであるとほんとうにありがたく味わさせていただくことができるのでございます。そして生前口癖のように言っていたのが、それは、信心とは、阿弥陀如来さまと私との間におけるまちがいのないおん約束であるということであります」。

阿弥陀仏は、そのままに必ず救うと仰せられてあるから、よろしくお願いいたしますと、その大悲のお心を、私の心に頂戴して、おん約束ができるのであるというような意味であります。信心ということは、さまざまな言葉によりまして表現されていますが、これは、老人の体験から生れ出たものでありまして、心ひかれるたくみな表現であると思うのであります。（同書、一九五―二〇〇頁より抜粋）

二　妻への語らい

そして老人は、妻に対して次のように、低音ではあるが重みのある声で、力強く言われたのであります。「最後に、ひとつ、念を入れて聞いておきたいことがある。それは、わたしはひと足先に、お浄土へ往生させていただくが、あんたも、来るかどうかということである。わたしは、それを聞いて安心したいのである。いつわらぬように聞かせてほしい」。老人は、眼を閉じて奥さんの言葉を待たれたのでありました。

これは死に直面したわびしさと、死のかなたにおける孤独の悲しさよりのがれようとする人間の煩悩的な心情に根ざした心ではないのであります。これは、阿弥陀仏の慈悲に救われたものが、愛するもの、親しきものの最上の幸福として願わずにいられない清浄な情感であり、救われてゆくことの喜びを同じように体験し、共感することを願う念仏に裏づけられた深い愛念の表現であるのです。

自らが、阿弥陀仏の慈悲を信ずることを「自信」と表現するのであります。そしてこの信仰を体験することを、ゆかりある人たちの上に願うことを「教人信」と表現するのでありますが、死のおとずれによる教人信的愛念を「絶対愛」と呼ぶことができると思うのであります。

奥さんは老人に対して、次のように答えられたのであります。

「そのことにつきましては、決して決して、ご心配されませぬように、この命が終わりましたならば、自分の業縁によりまして迷いの世界に沈まねばならぬ身ではありますが、今ははや阿弥陀如来さまの、必ず救うというおんはからいをたよりとして生きさせていただいていますから、まちがいなくお浄土に往き生まれさせていただきますから、ご心配なさいませぬように。どうぞお心安らかに、ひと足先に、お浄土へお参り下さいますように」。これを聞かれた老人は、いかにも、うれしそうにほほえまれて、うなづくようにしてお念仏を申されたのであります。

死にゆく夫は妻の幸福を願うのでありますが、しかし、世の中の人たちが、妻のために願っている幸福は、すべて死のおとずれによりまして一瞬にして夢のごとく幻のごとく消え去るものでありますが、老人が奥さんのために願われた往生と呼ばれる幸福は、死のおとずれが近づけば近づくほど、よろこばれるものとなる人生体験なのであります。妻への愛が、このように、おごそかにして深いものであることは、人間自体の煩悩的心性より発想したものではなくして、信仰を母胎として生れるものであるということを深く想念せねばならないのであります。こういう意味におきまして、もしも、老人に往生への信仰体験がなかったならば、奥さんに対する愛は、おそらくいわゆる世間的な物質的な幸福の中に生きることを願うことに止まったことと思うのであります。

人間における愛のいとなみは、阿弥陀仏の慈悲によりまして、往生を決定することと、死を超えて仏としての無量寿のさとりにまで生かされることを除いて、完全であり得ることは絶対に不可能だということを確信するのであります。

つづきまして、奥さんは次のように申されたのであります。

「今日までよく尽くしてくれたとのお言葉ですが、私がこうして阿弥陀様のお慈悲にあわせていただくことの出来ましたのは、あなたのおかげでありました。もしも、私が、信仰のない心のない方のところへ嫁いでいましたならばどうして今日のようなよろこびにあうことができたことでありましょう。このように申しますとあなたはそのたびに阿弥陀様をはじめ親鸞聖人など善知識様のおみちびきのおかげでもあるからといわれましたが、私としましては、あなたのおかげであったともうさずにはいられないのであります。

あなたが、ひと足先に、お浄土へお参りになるのをお見送りしましてから後に、私が、この命を終りましてお浄土へお参りしますまでの一生をどのような心もちをもって、生きさせていただくかということにつきまして、申しあげておきたいと思います。それは、昨年の秋のお彼岸のご法座を開きました時に、お軸にするために書いていただきました先生のふたつのお歌の心であります。そのひとつは、〝利他円満慈悲のみ業に君ありと拝みたたうることのめでたさ〟というお歌でありましたが、仏のさとりにつかせていただかれました。あなたが今は、慈悲の心をもって多くの人たちを救うはたらきについていられることを、拝ませていただき、ほめたたえさせていただくことのできるのは、めでたいことであるという、このよろこびに生きさせていただきますことは、ほんとうにありがたいことであります。それから今ひとつのお歌は、〝無上涅槃のさとりにある君と称名に心かようううれしさ〟というのでありました。この世を去ってゆかれたあなたとは、もう語らうことはできませんが、私が、お称名する時に、あなたは、それを聞いておよろこび下さるということによりまして心がかよいあうことができるということは、ほんとうに安らかにありがたいおはからいであると思います。私は、このような心もちをもちまして、お浄土に参らせていただく日の来るまでの生涯を生きさせていただきたいと思うのであります」。

このように奥さんが申されますと、老人は、「なにごとも、阿弥陀如来さまのおはからいの中に生きるということはありがたいことである。あんたも、幸せであった」と満足そうにいわれたのでありました。（同書、二〇六―二一七頁より抜粋）

三　息子夫妻への語らい

この老人は遺された息子夫妻を病床の枕べに呼ばれて、次のように語られたのであります。

「わたしが、今度は、もう恢復することがむづかしいということは、あんたたちも、覚悟していてくれていることと思う。今日まで、いろいろ世話をかけたことであるが、心からありがたいことだと思っている。かえりみると、わたしは、決して、いい父であったとは思ってはいない。しかし、ただひとつ、わたしとして、あんたたちのために、尽すことができたと思ってもいいと考えていることがある。それは、あんたたちが、この父のように、阿弥陀如来さまのお慈悲におうて、救われるということを願うて来たこと、そしてそのためにいろいろ心くばりをして来たこと、このことだけは、父としてのつとめをはたさせていただくことができたと思うているのである。もしもわたしが、阿弥陀如来さまのお慈悲にあわせていただいていなかったならば、どうしてこの深い愛情を、あんたたちのためにそそぐことができたであろうか。わたしは、全く阿弥陀如来さまのおかげによって、よき父としての役目をはたさせていただいたことであった。今お母さんと話をしたように、このような父でも、この命を終ったならば、阿弥陀如来さまとおなじさとりをひらかせていただくことができるのであるが、まだその上に、親鸞聖人の仰せられているように、慈悲の心をおこして、すべての人たちを救うはたらきにつかせていただくということは、うそではないかと思うほど、もったいなくありがたいおはからいである。わたしが、命を終ったら、あんたたちは、さびしいことであると感じてくれることと思うが、それよりも大切なことは、この父が救われたことをよろこんでくれねばならないということである。そしていよいよ阿弥陀如来さまのご恩に対して報謝の心をささげてもらわねば、申しわけないことである。それから、今ひとついうておきたいことは、二人の孫たちのこれから成人してゆく姿を思うにつけて、これもまたいつかは、阿弥陀如来さまのお慈悲にあわせていただくように、あんたたちが、育ててくれるように、たのんでおきたいことである。それから、念のためにいっておきたいと思うが、いづれお通夜などのことをいとなむことと思うが、これは万事先生とご相談をして、お浄土に往生させていただいたものにふさわしいようにいとなむように。それから、たびたび法座を開いて、ひとりでも多くの人たちが、阿弥陀如来さまのお慈悲にあわれるように努力すること、そうすることによって、とうといご恩におむくい申しあげねばならない」。

もうこれで言い残したことはありませんと言われ、老人は眼を閉じて念仏せられたのであります。（同書、二〇七―二〇九頁より抜粋）

逃れることのできない死を阿弥陀仏の大悲のはからいにより、浄土に往き生きて、仏としての無寿量のさとりを開かせていただく機縁として迎えること、体験すること、そして、そのことを、親しきもの、愛するものと共有し、共感して生きることを願い、その実現にはげむということが念仏に裏づけられて、はじめて純粋なるものとして体験することができるのであります。

この素晴らしい体験の実話には実に感動させられるのですが、このような理想的な中陰法要の在り方は希な実例ではあります。習俗的になった中陰法要の儀式を意義あるものにするには、私たちは、この世で縁があった人々に、死後においてどうか素晴らしい世界に、お浄土に生まれて生き続けていてもらいたいといった願いがあり、そういった気持ちから、死者供養を行うことも大切です。そして、その根本には、いま供養している自分だって、やがては死んであの世に行かなければならないが、そのときには、ぜひともそれら縁あった人たちが生まれているであろうお浄土に生まれて再会を期したい、亡くなった人との心の絆をつないでいきたいとの思いが、遺った人を慰め安心させるのです。

しかし、その思いを大事にしながら、自己の人生を如何に過ごし如何に死を迎えるか、死から生を見極めることが大事です。生老病死を苦と言われた釈尊の教えは、生まれてきて歓楽悲喜の人生が、死を迎えて生まれてきたことを歓び、意義ある人生であったと感謝し、如来の本願力によって煩悩具足のわが身が必ず往生成仏させていただくと信じられてこそ、「信心の行者には天神・地祇も敬伏し、魔界・外道も障碍することなし。罪悪も業報を感ずることあたはず、諸善もおよぶことなきゆゑなり」（『歎異抄』）と、亡き人を仏として讃歎供養する法要を勤めさせていただけるのでしょう。

宮沢賢治は『銀河鉄道の夜』で、「人は何のために生きるのかではなく、人は次に何を成すために死ぬのか。それこそが、人生で一番大切なことなのだ」ということを述べていますが、迷いの輪廻の中、無上仏をめざしての限りない道を願う人生を生き続ける姿でありましょう。

生が人間の全体であり、死の一念を以て人間の終極なのではありません。生きていて死せるが如きわれわれは、已に死して正に無窮に活動される釈迦・諸師・親鸞によって救済されるのです。死後還相の園林遊戯の実現者であらせらるる聖賢によって、今や生きて死せるが如きわれわれは、死して正に生かされるのです。否、身近に死んだ人々もまた、諸仏として我を導いてくださるのです。このように思うとき、生と死を繋ぐ迷える凡夫の一生の旅路は、流転の生死を超える機縁として与えられた尊い最後の身なのであります。

中陰（中有）の中間的存在の思想は、単に仏教のみではなくて、触れることができませんでしたが人類の原始時代から流れてきた潜在的な宗教精神であります。そして輪廻転生は業の展開する循環の生命観であり、その罪業の生命観の深い自覚によって、仏とともに、菩薩として自利利他（自分の命のためにも、他の命のためにも役立つ）の救いの循環の生命観に転じることを、中陰思想から感得することが大切です。つまり、日頃から経典に親しむことによって、聞熏習《もんくんじゆう》と言われるようにみ教えが、人の身全体を包み、しみこみ、いつしか念ぜられる如来の徳が、念ずるひとの上にあらわれ臨終を縁として浄土に生まれ往くのです。臨終にのぞんで、送る人も送られる人も命を共にする豊かな生命観をもつことが肝要であります。

才市は　臨終すんで　葬式すんで
みやこにこころすませてもろて
なむあみだぶつと　うきよにおるよ

あとがき

『曽我量深の教え　救済と自証～法蔵菩薩は誰か～』（新学社、二〇一二年）を発刊して続いてこの小冊子を出すことになった。それは毎月の曽我量深先生の著書の勉強会で、私の中陰法要に対する考えを述べたところ、若い僧侶の方から「是非出版されたら」との示唆をいただき、早速まとめたものである。

中陰法要については、僧侶がその意義を説くのに判然としない気持ちで、自信のないまま勤めているのが現状なのではないでしょうか。それは一連の葬送の儀式において、中有という仏教の思想が明らかに自覚されないからなのでしょう。

チベットの『死者の書』にあるように、宇宙のうちにあるすべての生命システムはバルド、すなわち中間的存在であり、生命の中途、プロセス的存在として生きているのです。中陰（中有）の期間こそ、近親の死を通して、酔生夢死の人生を過ごす自己に気づき、本来の自己に目覚めるチャンスなのです。

現代人は「いのち」を生命という物質的な存在と見なして、私の生命は死とともに無になってしまうと考えている人が多いようです。直葬と言い、死者を送る葬送の儀式が行われなくなり、生と死を見つめる眼を失いつつあります。

東日本大震災の石巻市に二日間慰問に参りましたとき、無慚に眼前で親子夫婦、兄弟近親、愛する人々と一瞬にして別れなければならなかった体験を聞きました。その方々が斉しく言われることは、亡くなった人との心の絆を求める以外に心が癒されない。愛する人を失った悲しみを癒すのは「死んでも死んではいないのです」とか、「死によって終るのでない。死者として生まれるのだ」と告白し、死者との心の感応を訴えておられました。

今一度、真剣に中有の本質的な意義に目覚め、葬送をはじめ年回法要を大切に勤めることが、生死流転のプロセスを繰り返すわれわれの人生を死の眼で返照する、浄玻璃鏡となるのではないでしょうか。

この小冊子を出版するにあたり、『救済と自証』の印刷も担当くださった昭英社各位と、『真宗相傳義書』（全十八巻・別巻一）の再版を手がけ、曽我量深先生の教学に憧憬の厚い方丈堂編集長の上別府茂氏にご尽力いただいたことに感謝申し上げます。

合掌

二〇一二年九月

那須信孝　拝

那須信孝（なす　のぶたか）

1930年京都市に生まれる。1955年京都大学文学部卒業（仏教学専攻）。1959年大谷大学大学院修士課程修了（真宗学専攻）。浄土真宗本願寺派・一行寺住職，現在に至る。主な著書に『曽我量深の教え　救済と自証～法蔵菩薩は誰か～』（新学社，2012年）など。

如何《いか》に中陰法要《ちゅういんほうよう》を勤めるか
――中有を如何に捉えるか――

二〇一二年一一月二〇日　初版第一刷発行

著　者　那須信孝

制　作
発　行　株式会社　方丈堂出版
京都市伏見区日野不動講町三八―二五
郵便番号　六〇一―一四二二
電話　〇七五―五七二―七五〇八

発　売　株式会社　オクターブ
京都市左京区一乗寺松原町三一―二
郵便番号　六〇六―八一五六
電話　〇七五―七〇八―七一六八

印刷・製本　株式会社　昭英社

ISBN978-4-89231-101-7 C1015

printed in Japan